KB043637

만만하게 시작하는 **중학 필수 영단어**

만만하게 시작하는

중학 필수 영단어

2020년 12월 20일 초판 1쇄 인쇄
2020년 12월 25일 초판 1쇄 발행

지은이 박종민, 김주영
발행인 손건
편집기획 김상배, 장수경
마케팅 이언영, 유재영
디자인 이성세
제작 최승용
인쇄 선경프린테크

발행처 ***Lan**Com* 랭컴
주소 서울시 금천구 시흥대로193, 709호
등록번호 제 312-2006-00060호
전화 02) 2636-0895
팩스 02) 2636-0896
홈페이지 www.lancom.co.kr

ISBN 979-11-89204-78-5 13740

만 만 하 게
시 작 하 는

중학 필수 영단어

박종민, 김주영 지음

주니어랭컴

이 책의 특징

1 중2-3학년이 필수적으로 알아야 할 1,800 단어를 엄선하였습니다.

중학교 2-3학년에서 영어 학습을 하는 데 지장이 없도록 반드시 알아야 할 단어만을 집중 분석하여 엄선하였습니다. 그날그날 배울 단어를 한 눈에 파악할 수 있도록 한 쪽에 정리하였으며, 읽기 쉽도록 단어의 발음 표기와 암기하기 쉽도록 단어의 기본적인 뜻만을 표기하였습니다.

모든 표제어에는 일련번호를 붙여 자신이 암기한 단어가 몇 개째인지 확인하면서 학습할 수 있으며, 하나의 단어를 3번씩 반복하여 암기하도록 체크 박스를 두었습니다. 단어의 레벨에 따라 4단계(Basic, Essential, Advanced, final Stage)로 분류하였으며, 하루 단어 학습량을 24단어로 하여 총 75일이면 끝낼 수 있도록 구성하였습니다.

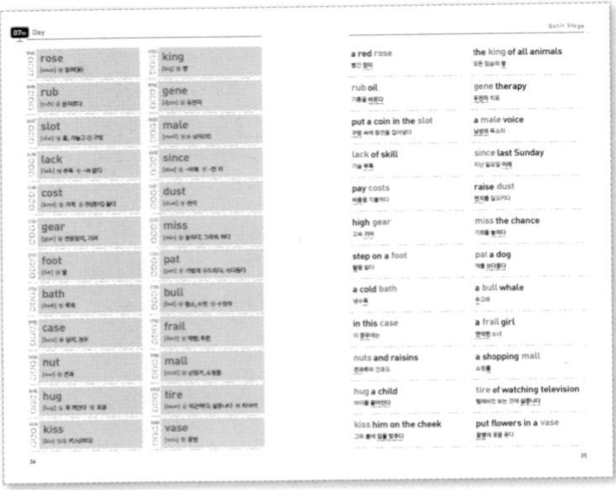

07 Day

rose
rub
slot
lack
cost
gear
foot
bath
case
nut
hug
kiss
king
gene
male
since
dust
miss
pat
bull
frail
mall
tire
vase

34

Basic Stage

a red rose
rub oil
put a coin in the slot
lack of skill
pay costs
high gear
step on a foot
a cold bath
in this case
nuts and raisins
hug a child
kiss him on the cheek
the king of all animals
gene therapy
a male voice
since last Sunday
raise dust
miss the chance
pat a dog
a bull whale
a frail girl
a shopping mall
tire of watching television
put flowers in a vase

35

2 대한민국 최초 어구(phrase)로 기억력을 높이는 단어 학습법을 도입하였습니다.

서로 관련된 몇 개의 단어가 모여 이루어진 형태가 묶음 단위입니다. 좀더 전문적으로 말하자면 어구(phrase)입니다. 여기에는 단어의 가장 중요한 의미, 형태, 용법, 연어까지 응축되어 있으므로 어구를 통한 어휘 학습은 가장 빠르고 명확하게 익히는 혁명적인 단어 암기법입니다. 이 책에서는 모든 표제어에 간결한 어구의 형태가 제시되어 있으므로 Minimal Phrases[최소의 노력으로 최대의 어휘력 향상]를 통해 쓰면서 의미를 파악함으로써 오랫동안 단어를 기억할 수 있습니다.

3 단어의 핵심적인 뜻과 활용도가 높은 예문으로 구성되어 있습니다.

하나의 단어는 보통 두 가지 이상의 뜻을 가지고 있지만 중심적인 의미만 우선 암기하면 됩니다. 각 단어가 지닌 모든 뜻을 암기하는 데 시간을 낭비할 필요가 없습니다. 이 책에서는 각 단어의 가장 핵심적인 뜻과 간결하면서도 활용도가 높은 예문만을 선별하여 실었습니다.

혁신적으로 단어의 이해와 암기력 증대를 위해 영어 예문과 우리말로 해석을 맞쪽으로 편집을 하였습니다. 먼저 영어 예문을 차근차근 읽어보고 표제 단어의 유의하여 우리말로 해석을 해보세요. 이어서 영어 예문을 가린 다음 우리말 해석을 보고 영어로 말해보세요. 이렇게 하면 매일 배운 단어를 완벽하게 자기 것으로 소화가 됩니다.

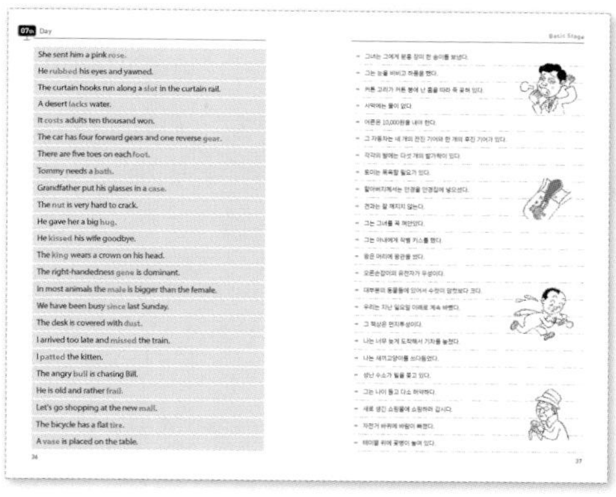

07th Day

She sent him a pink rose.
He rubbed his eyes and yawned.
The curtain hooks run along a slot in the curtain rail.
A desert lacks water.
It costs adults ten thousand won.
The car has four forward gears and one reverse gear.
There are five toes on each foot.
Tommy needs a bath.
Grandfather put his glasses in a case.
The nut is very hard to crack.
He gave her a big hug.
He kissed his wife goodbye.
The king wears a crown on his head.
The right-handedness gene is dominant.
In most animals the male is bigger than the female.
We have been busy since last Sunday.
The desk is covered with dust.
I arrived too late and missed the train.
I patted the kitten.
The angry bull is chasing Bill.
He is old and rather frail.
Let's go shopping at the new mall.
The bicycle has a flat tire.
A vase is placed on the table.

6 들으면 저절로 암기가 되는 mp3 파일을 랭컴출판사 홈페이지에서 제공합니다.

원어민이 녹음한 표제어와 예문, 표제어의 뜻을 한국인 성우가 녹음하여 교재 없이도 들으면서 단어를 암기할 수 있습니다. 원어민 녹음은 모두 누구나 알아듣기 쉽도록 다소 차분한 속도와 또박또박하고 정확한 발음으로 녹음하였습니다. 랭컴출판사 홈페이지(www.lancom.co.kr)에서 무료로 다운받을 수 있도록 준비되어 있으니 많은 이용 바랍니다. 또한 암기고래 앱과 유튜브 동영상(무의식 암기 등)을 통해 다양한 방법으로 단어를 익힐 수 있습니다

ENGLISH IS WORD 영어는 단어다

단어를 모르고 영어를 공부한다는 것은 벽돌도 없이 집을 짓겠다는 이야기다. 단어가 모여 문장이 된다. 한 문장의 의미를 알기 위해서는 문법 등의 여러 지식이 필요하지만, 우선은 각 단어의 의미를 알아야 영어를 제대로 이해할 수 있다.

영단어를 집중적으로 암기하기 위해서는 다음 암기법을 참고하라.

1 매일 단어 개수를 정해 하루도 빠짐없이 꾸준히 외운다

영어뿐만 아니라 다른 과목도 공부해야 하므로 하루에 암기할 수 있는 단어 개수를 자신의 학습 역량에 맞게 정하여 암기한다.

2 한 번에 암기하는 것보다 시차를 두고 반복하면서 단어와 친해져라.

기억력은 한계가 있기 때문에 단번에 모든 것을 기억할 수 없다. 시간이 지나면 자연적으로 기억력이 소멸하게 되므로 전체적으로 암기학습이 끝난 다음에 일정한 시차를 두고 반복해서 암기한다.

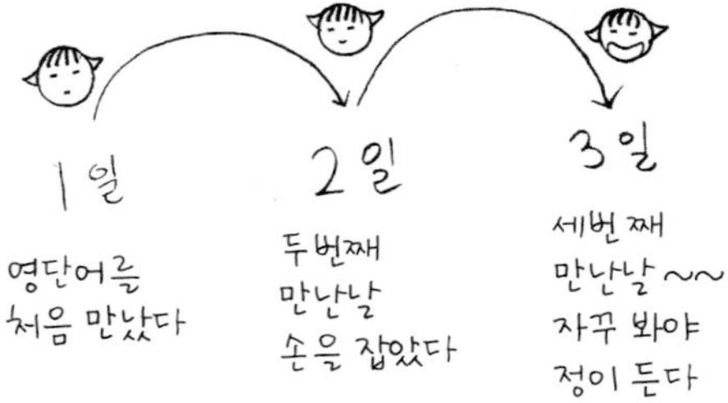

3 어구(phrase)와 예문을 통해 단어의 이미지를 머리에 그려라.

단어의 가장 중요한 의미, 형태, 용법, 연어까지 응축되어 있는 어구와 쓰임과 문장구조를 알 수 있는 예문을 통한 어휘 학습은 단어를 가장 빠르고 명확하게 이미지를 떠올릴 수 있으며 기억도 오래 간다.

4 자투리 시간을 최대한 활용하라.

책상 앞에 앉아서만 외우지 말고 등하교, 쉬는 시간, 화장실, 잠자리 들기 전후 등 하루 중 남는 시간을 최대한 이용해 단어를 외운다.

5 단어를 발음으로 암기하되, 원어민의 발음을 듣고 따라하는 습관을 길러라.

에스 아이 티(sit)'처럼 하나하나 떼어 스펠링을 되뇌이며 외우지 말고 '씻' 하고 단어 전체를 발음하며 외우도록 하자. 원어민의 발음을 듣고 따라하면서 암기하면 더욱 큰 효과를 볼 수 있다. 이렇게 하면 굳이 시커멓게 깜지에 써가며 외우지 않아도 된다.

일러두기

㉧ 명사
㉢ 대명사
㉟ 관사
㉣ 동사
㉭ 형용사
㉥ 부사
㉩ 전치사
㉫ 접속사
㉠ 감탄사
㉮ 조동사

차례

Part

1

Basic
Stage

Essential
Stage

Final
Stage

중2-3학년 영어를 공부하기 위해서 기본적으로 알아야 할 중요한 단어이므로 좀 쉽다고 소홀히 해서는 안 됩니다.

0001 **ad**
[æd] 명형 광고(의)

0002 **age**
[eidʒ] 명 나이

0003 **day**
[dei] 명 낮 ; 하루

0004 **if**
[if] 전 (만약) ~이면

0005 **as**
[æz] 부 ~과 같이, ~만큼; ~으로서

0006 **kind**
[kaind] 형 친절한 명 종류

0007 **nice**
[nais] 형 좋은

0008 **glad**
[glæd] 형 기쁜

0009 **well**
[wel] 부 잘

0010 **ant**
[ænt] 명 개미

0011 **dirt**
[dəːrt] 명 먼지

0012 **tea**
[tiː] 명 차(茶)

0013 **soft**
[sɔːft] 부 부드러운, 상냥한

0014 **pear**
[pɛər] 명 배

0015 **ice**
[ais] 명 얼음

0016 **mix**
[miks] 동 섞다

0017 **dry**
[drai] 형 마른, 건조한

0018 **fire**
[faiər] 명 불

0019 **so**
[sou] 부 매우

0020 **red**
[red] 형 빨간 명 빨강

0021 **beg**
[beg] 동 빌다; 청하다

0022 **hit**
[hit] 동 치다, 때리다

0023 **jog**
[dʒɔg] 동 조깅하다

0024 **way**
[wei] 명 길; 방향; 방법

an ___ rate
광고료

a ___ bed
포근한 침대

the same ___
같은 나이[동갑]

a juicy ___
즙이 많은 배

during the ___
낮 동안

cold ___
차가운 얼음

___ I had wings
만약 나에게 날개가 있다면

___ earth with sand
흙과 모래를 섞다

___ a friend
친구로서

a ___ cough
마른기침

a ___ boy
친절한 소년

___ prevention
화재 예방

a ___ smile
기분 좋은 미소

___ sorry
매우 미안하다

___ news
기쁜 소식

a ___ rose
빨간 장미

listen ___
잘 듣다

___ forgiveness
용서를 빌다

a queen ___
여왕개미

___ a home run
홈런을 치다

sweep the ___ out
먼지를 쓸어내다

go ___ ing
조깅하러 가다

green ___
녹차

ask the ___
길을 묻다

I saw an **ad** for a used bicycle in the newspaper.

He is strong for his **age**.

During the **day**, they were very busy.

If the sun shines, dew goes away.

Sunflowers can grow **as** tall **as** giraffes.

There are many different **kinds** of animals in the world.

It was a **nice** day for hiking.

I am very **glad** to see you again.

She reads and speaks Japanese **well**.

The **ants** ate up the cookie bit by bit.

His coat was covered with **dirt**.

I like strong **tea**.

She speaks in a **soft** voice.

The **pear** is rotten within.

Ice formed on the pond.

Oil and water don't **mix**.

The wind blew **dry** and cold.

The house is on **fire**.

You are **so** kind.

Red stands for danger.

The beggar was **begging** for bread.

I **hit** my head on the table edge.

They **jog** every morning.

He continued on his **way** to school.

➡ 나는 신문에서 중고 자전거 광고를 보았다.

➡ 그는 나이에 비해 힘이 센 편이다.

➡ 하루 동안 그들은 매우 바빴다.

➡ 태양이 빛나면 이슬은 사라진다.

➡ 해바라기는 기린 키만큼 자랄 수 있다.

➡ 세상에는 많은 종류의 동물들이 있다.

➡ 하이킹하기에 좋은 날씨였다.

➡ 나는 너를 다시 보게 되어 굉장히 기쁘다.

➡ 그녀는 일본어를 잘 읽고 말한다.

➡ 개미는 그 과자를 조금씩 갉아 먹었다.

➡ 그의 코트는 먼지로 덮여 있었다.

➡ 나는 진한 차를 좋아한다.

➡ 그녀는 상냥한 목소리로 말한다.

➡ 그 배는 속이 썩었다.

➡ 연못에 얼음이 얼었다.

➡ 기름과 물은 섞이지 않는다.

➡ 건조하고 차가운 바람이 불었다.

➡ 그 집이 불타고 있다.

➡ 너는 매우 친절하다.

➡ 빨간 빛은 위험을 나타낸다.

➡ 그 거지는 빵을 구걸하고 있었다.

➡ 나는 테이블 가장자리에 머리를 부딪쳤다.

➡ 그들은 아침마다 조깅한다.

➡ 그는 계속해서 학교로 가던 길을 갔다.

0025 **lot**
[lat] 명 많음

0026 **win**
[win] 동 이기다; 얻다

0027 **all**
[ɔːl] 형 모든

0028 **bit**
[bit] 명 한 조각; 조금

0029 **oil**
[ɔil] 명 기름

0030 **lie**
[lai] 명동 거짓말(하다)

0031 **few**
[fjuː] 부 거의 없는

0032 **tip**
[tip] 명 팁; (가늘고 긴 것) 끝

0033 **ago**
[əgóu] 부 (지금부터) ~전에

0034 **cut**
[kʌt] 동 베다, 자르다

0035 **act**
[ækt] 명동 행동(하다)

0036 **yet**
[jet] 부 아직; 이미

0037 **job**
[dʒáb] 명 일; 직업

0038 **bye**
[bai] 감 안녕

0039 **art**
[aːrt] 명 예술; 미술

0040 **ski**
[skiː] 명동 스키(타다)

0041 **war**
[wɔːr] 명 전쟁

0042 **cry**
[krai] 동 울다; 소리치다

0043 **hat**
[hæt] 명 (테가 있는) 모자

0044 **vow**
[vau] 명 맹세

0045 **pal**
[pæl] 명 친구

0046 **fill**
[fil] 동 채우다

0047 **set**
[set] 동 놓다

0048 **now**
[nau] 부 지금

a ___ of stamps
많은 우표

finish a ___
일을 끝내다

___ an election
선거에서 이기다

say good-___
작별 인사를 하다

___ day long
하루 종일

modern ___
현대 미술

a ___ of bread
빵 한 조각

a ___ resort
스키장

cooking ___
식용유

the Second World ___
제2차 세계 대전

tell a ___
거짓말하다

___ in a loud voice
큰소리 지르다

a man of ___ words
말수가 적은 사람

wear a ___
모자를 쓰다

the ___s of the fingers
손가락 끝

break a ___
맹세를 어기다

a long time ___
오래 전에

a pen ___
편지 친구

___ the apple with a knife
칼로 사과를 자르다

___ a glass with water
잔에 물을 가득 채우다

a brave ___
용감한 행동

___ a vase on the table
탁자 위에 꽃병을 놓다

not ___ issued
아직 발행되지 않은

right ___
지금 당장

He knows a **lot** about insects.

She **won** the Nobel Prize.

She loves **all** my family.

He ate every **bit** of his dinner.

Mother fries fish in **oil**.

It is a **lie** that he is an architect.

Few people believe in ghosts.

I gave her a five dollar **tip**.

I saw the movie two years **ago**.

I **cut** my finger yesterday.

The boy **acted** like a baby.

The work is not **yet** finished.

She did a great **job**.

Good-**bye**.

He is an **art** director in France.

I want to learn how to **ski**.

War brings disaster.

Babies **cry** when they are hungry.

The wind blew my **hat** off.

I am under a **vow** not to smoke again.

We've been **pals** for years.

The airport is **filled** with people.

Mother **set** the table for dinner.

I have to go **now**.

➡ 그는 곤충에 관해 많은 것을 안다.

➡ 그녀는 노벨상을 받았다.

➡ 그녀는 내 가족 모두를 사랑한다.

➡ 그는 저녁식사를 남김없이 먹었다.

➡ 어머니는 기름에 생선을 튀기신다.

➡ 그가 건축가라는 것은 거짓말이다.

➡ 유령을 믿는 사람은 거의 없다.

➡ 나는 그녀에게 5달러의 팁을 주었다.

➡ 나는 2년 전에 그 영화를 보았다.

➡ 나는 어제 손가락을 베었다.

➡ 그 소년은 아기처럼 행동했다.

➡ 그 일은 아직 끝나지 않았다.

➡ 그녀는 굉장한 일을 해냈다.

➡ 안녕히 가십시오.

➡ 그는 프랑스에서 미술 감독이다.

➡ 나는 스키 타는 법을 배우고 싶다.

➡ 전쟁은 재난을 초래한다.

➡ 아기들은 배가 고프면 운다.

➡ 바람에 모자가 날아갔다.

➡ 나는 다시는 흡연하지 않기로 맹세했다.

➡ 우리는 수년간 친구로 지내 왔다.

➡ 공항은 사람들로 가득 차 있다.

➡ 어머니께서 저녁식사를 차렸다.

➡ 지금 가야 돼.

0049 **boy**
[bɔi] 명 소년

0050 **may**
[mei] 동 ~해도 좋다 명 (M-) 5월

0051 **safe**
[seif] 형 안전한

0052 **easy**
[íːzi] 형 쉬운

0053 **lip**
[lip] 명 입술

0054 **half**
[hæf] 명 반; 절반

0055 **rid**
[rid] 동 없애다

0056 **fit**
[fit] 동 맞다 형 꼭 맞는

0057 **ill**
[il] 형 병든; 나쁜

0058 **lift**
[lift] 동 (들어) 올리다

0059 **dear**
[diər] 형 친애하는

0060 **pop**
[pap] 명 유행곡 형 대중음악의

0061 **ear**
[iər] 명 귀

0062 **tap**
[tæp] 동 가볍게 두드리다

0063 **top**
[tap] 명 꼭대기

0064 **arm**
[aːrm] 명 팔

0065 **fur**
[fəːr] 명 털

0066 **dew**
[djuː] 명 이슬

0067 **fat**
[fæt] 형 살찐

0068 **add**
[æd] 동 더하다

0069 **luck**
[lʌk] 명 행운

0070 **surf**
[səːrf] 명동 파도 타기(를 하다)

0071 **sail**
[seil] 동 항해하다

0072 **flow**
[flou] 동 (강·눈물 등이) 흐르다

teenage ____s
십대의 **소년들**

about the middle of ____
5월 중순에

a ____ place
안전한 장소

an ____ way
쉬운 방법

the lower ____
아랫**입술**

____ a year
반년

____ the house of rats
집에서 쥐를 **제거하다**

____ perfectly
딱 **맞다**

____ manners
버릇**없음**

____ a thing with a crane
기중기로 **들어 올리다**

a ____ friend of mine
나의 **친한** 친구

a ____ song
유행가

a good ____
예민한 **청력**

____ a nail into a wall
벽에 못을 **두드려 박다**

the ____ of a tree
나무 **꼭대기**

stretch ____s
팔을 쭉 뻗다

a ____ trader
모피 상인

leaves moist with ____
이슬에 젖은 잎

a ____ woman
뚱뚱한 여자

____ sugar to coffee
커피에 설탕을 **넣다**

wish her ____
그녀의 **행운**을 빌다

ride the ____
파도타기를 하다

____ for Europe
유럽을 향해서 **출항하다**

tears ____
눈물이 **흐르다**

He is the most handsome **boy** in the class.

You **may** go home.

It is **safe** to wear a helmet.

Hangeul is **easy** to read and write.

The clown has big pink **lips**.

School begins at **half** past nine.

You must get **rid** of bad habits.

That coat doesn't **fit** her.

Because I was **ill**, I stayed at home.

He is able to **lift** the rock.

Shirley is near and **dear** to me.

He likes Korean **pop** songs very much.

The elephant has large **ears**.

She **tapped** me on the shoulder.

The cat was sitting on the **top** of the house.

I hurt my **arm**.

When a koala is born, he has no **fur**.

The laundry is moist with **dew**.

He is **fat** because he eats too much.

Heat a frying pan and **add** some oil.

Good **luck**!

I **surfed** the Internet all day long.

They **sailed** across the Atlantic Ocean.

The river **flows** into the sea.

➡ 그는 학급에서 가장 잘생긴 소년이다.

➡ 너는 집에 가도 된다.

➡ 헬멧을 쓰는 것이 안전하다.

➡ 한글은 읽고 쓰기 쉽다.

➡ 그 광대의 입술은 크고 분홍색이다.

➡ 수업은 9시 반에 시작된다.

➡ 너는 나쁜 습관을 버려야 한다.

➡ 그 외투는 그녀에게 맞지 않는다.

➡ 나는 아파서 집에 있었다.

➡ 그는 바위를 들 수 있다.

➡ 셜리는 내게 소중하다.

➡ 그는 한국 대중가요를 매우 좋아한다.

➡ 코끼리는 큰 귀를 가지고 있다.

➡ 그녀는 내 어깨를 가볍게 툭 쳤다.

➡ 고양이가 집 꼭대기에 앉아 있었다.

➡ 나는 팔을 다쳤다.

➡ 코알라는 태어날 때 털이 없다.

➡ 빨래가 이슬에 축축하다.

➡ 그는 너무 많이 먹어서 뚱뚱하다.

➡ 프라이팬을 달군 후 기름을 조금 넣어라.

➡ 행운을 빕니다!

➡ 나는 하루 종일 인터넷을 했다.

➡ 그들은 배를 타고 대서양을 건넜다.

➡ 강은 바다로 흘러간다.

0073 **still**
[stil] 부 아직도, 여전히

0074 **wet**
[wet] 형 젖은

0075 **kill**
[kil] 동 죽이다

0076 **icy**
[áisi] 부 얼음이 언

0077 **bat**
[bæt] 명 방망이

0078 **rat**
[ræt] 명 쥐

0079 **egg**
[eg] 명 알; 달걀

0080 **salt**
[sɔ:lt] 명 소금

0081 **fry**
[frai] 동 기름에 튀기다

0082 **fail**
[feil] 동 실패하다

0083 **far**
[fa:*r*] 부 멀리

0084 **fist**
[fist] 명 주먹

0085 **zoo**
[zu:] 명 동물원

0086 **yell**
[jel] 동 고함치다

0087 **peel**
[pi:l] 명동 껍질(을 벗기다)

0088 **aid**
[eid] 동 돕다 명 도움

0089 **duty**
[djú:ti] 명 의무; 임무

0090 **fear**
[fiə*r*] 명 무서움 동 무서워하다

0091 **odd**
[ɔd] 부 이상한; 홀수의

0092 **nail**
[neil] 명 (사람의) 손톱

0093 **shy**
[ʃai] 형 수줍은

0094 **bite**
[bait] 동 물다 명 물린 상처

0095 **bag**
[bæg] 명 가방

0096 **cell**
[sel] 명 세포

be ____ waiting for him
아직도 그를 기다리고 있다

a ____ towel
젖은 수건

____ an animal
동물을 **죽이다**

____ roads
빙판길

a baseball ____
야구 **방망이**

set a trap for ____s
쥐덫을 놓다

a boiled ____
삶은 **달걀**

put ____ into food
음식에 **소금**을 치다

____ed eggs
달걀 **프라이**

____ an exam
시험에 **실패하다**

____ above the clouds
구름 위 **멀리**

strike one's ____ on the table
주먹으로 탁자를 치다

a tiger in a ____
동물원의 호랑이

____ for help
도와달라고 **외치다**

____ a fruit
과일의 **껍질을 벗기다**

____ memory
기억을 **돕다**

a strong sense of ____
강한 **의무**감

hopes and ____s
기대와 **불안**

an ____-looking house
이상하게 생긴 집

bite one's ____s
손톱을 깨물다

a ____ smile
수줍은 미소

a deep ____
깊이 **물린 상처**

a shopping ____
쇼핑**백**

a nerve ____
신경 **세포**

He is **still** angry.

The dog is **wet**.

The cat **killed** a rat.

The water was **icy**.

He bought a **bat** instead of a glove.

The **rat** has sharp teeth.

Butterfly **eggs** have many sizes.

Please give me the **salt**.

I like **fried** potatoes.

He tried only to **fail**.

He doesn't live **far** from here.

He punched her with his **fist**.

She works at the **zoo**.

She **yelled** with delight.

These potatoes **peel** easily.

Material **aid** is now useless to them.

She was careful in the performance of her **duty**.

I have a **fear** of dogs.

Five, seven and nine are **odd** numbers.

Don't bite your **nails**.

A deer is a **shy** animal.

Barking dogs seldom **bite**.

He left his **bag** in the subway.

Cancer begins as a single **cell**.

➡ 그는 아직도 화나 있다.

➡ 개가 물에 젖었다.

➡ 그 고양이가 쥐 한 마리를 죽였다.

➡ 물은 얼음처럼 차가웠다.

➡ 그는 야구 글러브 대신 방망이를 샀다.

➡ 쥐는 날카로운 이를 가지고 있다.

➡ 나비의 알은 크기가 다양하다.

➡ 소금 좀 건네주시오.

➡ 나는 감자튀김을 좋아한다.

➡ 그는 해보았지만 결국 실패로 끝났다.

➡ 그는 여기서 멀지 않은 곳에 산다.

➡ 그는 주먹으로 그녀를 때렸다.

➡ 그녀는 동물원에서 일한다.

➡ 그녀는 기쁜 나머지 소리 질렀다.

➡ 이 감자들은 껍질이 쉽게 벗겨진다.

➡ 그들에게 물질적 원조는 이제 소용없다.

➡ 그녀는 직무 수행에 있어 신중했다.

➡ 나는 개를 무서워한다.

➡ 5, 7, 9는 홀수이다.

➡ 손톱을 물어뜯지 마라.

➡ 사슴은 겁 많은 동물이다.

➡ 짖는 개는 좀처럼 물지 않는다.

➡ 그는 가방을 지하철에 두고 내렸다.

➡ 암은 하나의 세포에서 시작된다.

0097 **fool**
[fu:l] 명 바보

0098 **skill**
[skil] 명 솜씨

0099 **real**
[rí:əl] 형 실제의; 진짜의

0100 **gun**
[gʌn] 명 총

0101 **flag**
[flæg] 명 기, 깃발

0102 **bell**
[bel] 명 벨, (초인)종

0103 **load**
[loud] 명 짐 동 싣다

0104 **lake**
[leik] 명 호수

0105 **tool**
[tu:l] 명 도구, 연장

0106 **hunt**
[hʌnt] 명동 사냥(하다)

0107 **desk**
[desk] 명 책상

0108 **pity**
[píti] 명동 동정(하다)

0109 **hall**
[hɔ:l] 명 강당, 홀

0110 **hurt**
[həːrt] 동 다치게 하다; 아프다

0111 **step**
[step] 명 계단; 발걸음

0112 **rest**
[rest] 명 휴식

0113 **rule**
[ru:l] 명 규칙

0114 **else**
[els] 부 그 외에

0115 **live**
[liv] 동 살다

0116 **have**
[hæv] 동 가지다; 먹다

0117 **run**
[rʌn] 동 달리다

0118 **talk**
[tɔ:k] 동 말하다

0119 **area**
[έəriə] 명 지역

0120 **boil**
[bɔil] 동 끓다

feel a ____
바보처럼 느껴지다

____ in baseball
야구 실력

a ____ pearl
진짜 진주

shoot a ____
총을 쏘다

wave a ____
기를 흔들다

press the ____
벨을 누르다

a heavy ____
무거운 짐

swim across the ____
호수를 헤엄쳐 건너다

a carpenter's ____
목수의 연장

____ deer
사슴 사냥을 하다

study at a ____
책상에서 공부하다

feel ____
동정심을 느끼다

a city ____
시청

____ one's arm
팔을 다치다

a first ____
첫 걸음

an hour's ____
1시간의 휴식

break a ____
규칙을 어기다

ask someone ____
누군가 다른 사람에게 묻다

____ in an apartment
아파트에 살다

____ a baby
아기를 가지다[낳다]

____ 100 meters
100미터를 달리다

____ too much
너무 말이 많다

a large ____
넓은 지역

water ____s
물이 끓다

He made a **fool** of me.

She has great **skill** in painting.

This is a **real** diamond.

He shot a bird with his **gun**.

Taegeukgi is our national **flag**.

The church **bell** is made of bronze.

The bus **loads** at the right door.

There are a lot of beautiful **lakes** in Chuncheon.

An axe is a **tool** used to cut down trees.

They **hunted** foxes.

She put the books on the **desk**.

I have a feeling of **pity** for him.

There are many students in the **hall**.

He **hurt** my feelings.

I'll be a few **steps** behind.

Let's take a **rest** in that room.

He broke the **rule**.

What **else** do you want to eat?

She **lived** to be ninety.

Korea **has** great tradition.

He can **run** faster than me.

I want to **talk** to you.

Is there a hospital in this **area**?

She **boiled** eggs.

➡ 그는 날 놀렸다.

➡ 그녀는 그림 솜씨가 대단하다.

➡ 이것은 진짜 다이아몬드이다.

➡ 그는 총으로 새를 쏘았다.

➡ 태극기는 우리 국기이다.

➡ 교회의 종은 청동으로 만들어졌다.

➡ 버스는 오른쪽 문으로 사람을 태운다.

➡ 춘천에는 아름다운 호수가 많다.

➡ 도끼는 나무를 자르는 데 사용되는 도구이다.

➡ 그들은 여우 사냥을 했다.

➡ 그녀는 책들을 책상 위에 올려놓았다.

➡ 나는 그를 측은하게 여기고 있다.

➡ 강당에 많은 학생들이 있다.

➡ 그는 내 기분을 상하게 했다.

➡ 나는 몇 걸음 뒤에 있겠다.

➡ 저 방에서 쉽시다.

➡ 그는 규칙을 어겼다.

➡ 그 외에 또 무엇을 드시겠습니까?

➡ 그녀는 90세까지 살았다.

➡ 한국은 훌륭한 전통을 가지고 있다.

➡ 그는 나보다 빨리 달릴 수 있다.

➡ 나는 당신과 얘기하고 싶다.

➡ 이 지역에 병원이 있습니까?

➡ 그녀는 계란을 삶았다.

0121 **door**
[dɔːr] 명 문

0122 **poor**
[puər] 부 가난한

0123 **body**
[bádi] 명 몸

0124 **cute**
[kjuːt] 형 귀여운

0125 **dip**
[dip] 동 담그다

0126 **golf**
[gɔlf] 명 골프

0127 **pole**
[poul] 명 막대기; 극

0128 **lose**
[luːz] 동 잃다, (길을) 헤매다

0129 **ugly**
[ʌ́gli] 형 추한, 못생긴

0130 **due**
[djuː] 형 지급 기일이 된; 도착 예정인

0131 **item**
[áitəm] 명 항목; 조항; 물품

0132 **seat**
[siːt] 명 자리, 좌석

0133 **belt**
[belt] 명 띠, 벨트

0134 **gray**
[grei] 명형 회색(의)

0135 **wild**
[waild] 형 야생의

0136 **bear**
[bɛər] 명 곰 동 견디다, 나르다

0137 **past**
[pæst] 형 지나간, 과거의

0138 **test**
[test] 명 시험, 테스트

0139 **quiz**
[kwiz] 명 간단한 시험, 퀴즈

0140 **note**
[nout] 명 기록, 쪽지

0141 **ever**
[évər] 부 전에 전 ~을 지난

0142 **able**
[éibl] 형 ~할 수 있는; 유능한

0143 **such**
[sʌtʃ] 형 그와 같은, 그런

0144 **outlook**
[áutlùk] 명 전망, 경관

lock a ____
문을 잠그다

fasten one's ____
허리띠를 졸라매다

a ____ house
초라한 집

____ clothes
회색 옷

in ____ and mind
심신으로

a ____ animal
야생동물

a ____ baby
귀여운 아기

____ a heavy load
무거운 짐을 나르다

____ the bread in the milk
빵을 우유에 적시다

____ glories
과거의 영광

a ____ club
골프채

a driving ____
운전면허 시험

the South ____
남극

take a ____
시험을 치다

____ my purse
지갑을 잃다

leave a ____
쪽지를 남기다

an ____ face
못생긴 얼굴

be as beautiful as ____
전과 다름없이 아름답다

a ____ date
만기일

an ____ teacher
유능한 교사

____s of business
영업 종목

____ a thing
그와 같은 것

book a ____
좌석을 예약하다

an ____ over the sea
바다의 경관

He broke the **door** open.

He is in **poor** health.

I am wounded in the **body**.

My sister is a very **cute** girl.

Dip a sponge into warm soapy water.

I relax on weekends by playing **golf**.

The scientist explored the South **Pole**.

I **lost** my way in the woods.

That was an **ugly** crime.

The mail is **due** tomorrow.

The **item** is out of stock.

Go back to your **seat**.

Please fasten your seat **belt**.

Her face turned **gray**.

Be careful of **wild** animals in the park.

The **bear** likes honey.

My grandmother is **past** ninety.

He passed the English **test**.

He listened to a **quiz** program on the radio.

I will make a **note** of it.

He studied harder than **ever**.

They are **able** to get into a car.

Such a man is dangerous.

The room has a pleasant **outlook**.

➡ 그는 문을 부수고 열었다.

➡ 그는 건강이 좋지 않다.

➡ 나는 몸에 상처를 입었다.

➡ 내 여동생은 매우 귀여운 소녀이다.

➡ 스펀지를 따뜻한 비눗물에 담가라.

➡ 주말에는 골프로 몸을 푼다.

➡ 그 과학자는 남극을 탐험했다.

➡ 나는 숲 속에서 길을 잃었다.

➡ 그것은 추악한 범죄였다.

➡ 우편은 내일 도착하게 되어 있다.

➡ 이 품목은 재고가 없다.

➡ 당신 자리로 돌아가시오.

➡ 안전벨트 매세요.

➡ 그녀의 얼굴이 잿빛으로 변했다.

➡ 공원의 야생 동물들을 조심해라.

➡ 곰은 꿀을 좋아한다.

➡ 나의 할머니께서는 90세가 넘으셨다.

➡ 그는 영어 시험에 합격했다.

➡ 그는 라디오 퀴즈 프로그램을 들었다.

➡ 그것을 적어 두어야겠다.

➡ 그는 전보다 더 열심히 공부했다.

➡ 그들은 차에 탈 수 있다.

➡ 그런 사람은 위험하다.

➡ 그 방은 전망이 좋다.

0145 **rose**
[rouz] 명 장미(꽃)

0146 **rub**
[rʌb] 동 문지르다

0147 **slot**
[slat] 명 홈, 가늘고 긴 구멍

0148 **lack**
[læk] 명 부족 동 ~이 없다

0149 **cost**
[kɔːst] 명 가격 동 (비용이) 들다

0150 **gear**
[giər] 명 전동장치, 기어

0151 **foot**
[fut] 명 발

0152 **bath**
[bæθ] 명 목욕

0153 **case**
[keis] 명 상자; 경우

0154 **nut**
[nʌt] 명 견과

0155 **hug**
[hʌg] 동 꼭 껴안다 명 포옹

0156 **kiss**
[kis] 명동 키스(하다)

0157 **king**
[kiŋ] 명 왕

0158 **gene**
[ʤiːn] 명 유전자

0159 **male**
[meil] 명형 남자(의)

0160 **since**
[sins] 전 ~이래 접 ~한 지

0161 **dust**
[dʌst] 명 먼지

0162 **miss**
[mis] 동 놓치다; 그리워 하다

0163 **pat**
[pæt] 동 가볍게 두드리다, 쓰다듬다

0164 **bull**
[bul] 명 황소, 수컷 형 수컷의

0165 **frail**
[freil] 형 약한; 무른

0166 **mall**
[mɔːl] 명 상점가, 쇼핑몰

0167 **tire**
[taiər] 동 피곤하다; 싫증나다 명 타이어

0168 **vase**
[veis] 명 꽃병

a red ____
빨간 **장미**

the ____ of all animals
모든 짐승의 **왕**

____ oil
기름을 **바르다**

____ therapy
유전자 치료

put a coin in the ____
구멍 속에 동전을 집어넣다

a ____ voice
남성의 목소리

____ of skill
기술 **부족**

____ last Sunday
지난 일요일 **이래**

pay ____s
비용을 지불하다

raise ____
먼지를 일으키다

high ____
고속 **기어**

____ the chance
기회를 **놓치다**

step on a ____
발을 밟다

____ a dog
개를 **쓰다듬다**

a cold ____
냉수**욕**

a ____ whale
수고래

in this ____
이 **경우**에는

a ____ girl
연약한 소녀

____s and raisins
견과류와 건포도

a shopping ____
쇼핑**몰**

____ a child
아이를 **끌어안다**

____ of watching television
텔레비전 보는 것에 **싫증나다**

____ him on the cheek
그의 볼에 **입을 맞추다**

put flowers in a ____
꽃병에 꽃을 꽂다

She sent him a pink **rose**.

He **rubbed** his eyes and yawned.

The curtain hooks run along a **slot** in the curtain rail.

A desert **lacks** water.

It **costs** adults ten thousand won.

The car has four forward gears and one reverse **gear**.

There are five toes on each **foot**.

Tommy needs a **bath**.

Grandfather put his glasses in a **case**.

The **nut** is very hard to crack.

He gave her a big **hug**.

He **kissed** his wife goodbye.

The **king** wears a crown on his head.

The right-handedness **gene** is dominant.

In most animals the **male** is bigger than the female.

We have been busy **since** last Sunday.

The desk is covered with **dust**.

I arrived too late and **missed** the train.

I **patted** the kitten.

The angry **bull** is chasing Bill.

He is old and rather **frail**.

Let's go shopping at the new **mall**.

The bicycle has a flat **tire**.

A **vase** is placed on the table.

➡ 그녀는 그에게 분홍 장미 한 송이를 보냈다.

➡ 그는 눈을 비비고 하품을 했다.

➡ 커튼 고리가 커튼 봉에 난 홈을 따라 죽 꽂혀 있다.

➡ 사막에는 물이 없다.

➡ 어른은 10,000원을 내야 한다.

➡ 그 자동차는 네 개의 전진 기어와 한 개의 후진 기어가 있다.

➡ 각각의 발에는 다섯 개의 발가락이 있다.

➡ 토미는 목욕할 필요가 있다.

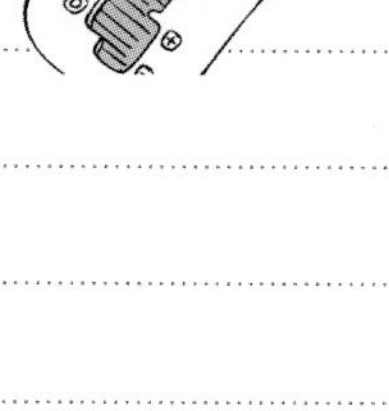

➡ 할아버지께서는 안경을 안경집에 넣으셨다.

➡ 견과는 잘 깨지지 않는다.

➡ 그는 그녀를 꼭 껴안았다.

➡ 그는 아내에게 작별 키스를 했다.

➡ 왕은 머리에 왕관을 썼다.

➡ 오른손잡이의 유전자가 우성이다.

➡ 대부분의 동물들에 있어서 수컷이 암컷보다 크다.

➡ 우리는 지난 일요일 이래로 계속 바빴다.

➡ 그 책상은 먼지투성이다.

➡ 나는 너무 늦게 도착해서 기차를 놓쳤다.

➡ 나는 새끼고양이를 쓰다듬었다.

➡ 성난 수소가 빌을 쫓고 있다.

➡ 그는 나이 들고 다소 허약하다.

➡ 새로 생긴 쇼핑몰에 쇼핑하러 갑시다.

➡ 자전거 바퀴에 바람이 빠졌다.

➡ 테이블 위에 꽃병이 놓여 있다.

0169 **term**
[tə:rm] 명 기간; 학기; 용어

0170 **neat**
[ni:t] 형 깔끔한

0171 **ash**
[æʃ] 명 재

0172 **text**
[tekst] 명 본문

0173 **cave**
[keiv] 명 굴

0174 **teen**
[ti:n] 명 십대

0175 **tree**
[tri:] 명 나무

0176 **kick**
[kik] 동 차다

0177 **deer**
[diər] 명 사슴

0178 **pale**
[peil] 형 창백한

0179 **cure**
[kjuər] 명동 치료(하다)

0180 **task**
[tæsk] 명 일; 임무

0181 **sign**
[sain] 명 기호; 신호 동 서명하다

0182 **pill**
[pil] 명 알약

0183 **vet**
[vet] 명 수의사

0184 **feed**
[fi:d] 동 (음식을) 먹이다

0185 **seem**
[si:m] 동 ~인 것 같다, ~처럼 보이다

0186 **path**
[pæθ] 명 작은 길; 통로

0187 **chat**
[tʃæt] 명동 잡담(하다)

0188 **quiet**
[kwáiət] 형 조용한

0189 **clerk**
[klə:rk] 명 사무원

0190 **treat**
[tri:t] 동 대우하다; 치료하다

0191 **thief**
[θi:f] 명 도둑

0192 **title**
[táitl] 명 제목

the autumn ____
가을 **학기**

a ____ room
깔끔한 방

volcanic ____
화산**재**

a full ____
전**문**

a ____ dweller
동굴에 사는 사람

boys in their ____s
십대의 소년들

plant a ____
나무를 심다

____ a ball
공을 **차다**

hunt ____
사슴 사냥을 하다

deathly ____
죽은 사람처럼 **창백한**

____ a patient
환자를 **치료하다**

a pleasant ____
재미있는 **일**

a minus ____
마이너스 **기호**

prescribe a ____
알약을 처방하다

call the ____
수의사를 부르다

____ a dog
개에게 **먹이를 주다**

____ happy
행복**해 보이다**

a bicycle ____
자전거 **도로**

have a ____
담소를 나누다

____ suburbs
조용한 교외

a young ____
젊은 **사무원**

____ as a child
어린애같이 **다루다**

a cow ____
소**도둑**

the ____ of the book
그 책의 **제목**

I explained in simple **terms**.

The living room is **neat** and tidy.

Don't drop cigarette **ash** on the carpet.

I have read this elementary **text**.

I found him lying alone in the back of a **cave**.

Today's **teen** is tomorrow's adult.

Apples fell off the **tree**.

She **kicked** him on the knee.

The **deer** ran off in alarm.

She looks **pale**.

Time **cured** him of his grief.

She completed her **task**.

The first **sign** of a gas leak is the smell.

It's a bitter **pill**.

He decided to become either a doctor or a **vet**.

A man is **feeding** the horse.

He **seems** young.

I walked up the **path** through the woods.

Let’s **chat** over tea.

The night was dark and **quiet**.

My sister is a **clerk**.

They **treated** me with a new drug.

The **thief** broke into his house last night.

I can't remember the **title** of the film.

➡ 나는 간단한 용어로 설명했다.

➡ 거실은 깨끗하게 정돈돼 있다.

➡ 카펫 위에 담뱃재를 떨어뜨리지 마시오.

➡ 나는 이 기본 텍스트를 읽었다.

➡ 그가 동굴의 깊숙한 곳에서 혼자 누워 있는 것을 발견했다.

➡ 오늘의 십대는 내일의 성인이다.

➡ 사과들이 나무에서 떨어졌다.

➡ 그녀는 그의 무릎을 걷어 찼다.

➡ 사슴은 놀라서 달아났다.

➡ 그녀는 얼굴이 창백하다.

➡ 시간은 그의 슬픔을 가시게 해 주었다.

➡ 그녀는 임무를 마쳤다.

➡ 가스 누출의 첫째 신호는 냄새이다.

➡ 이것은 쓴 알약이다.

➡ 그는 의사나 수의사가 되기로 결심했다.

➡ 남자가 말에게 먹이를 주고 있다.

➡ 그는 젊어 보인다.

➡ 나는 숲 속의 오솔길을 걸어 올라갔다.

➡ 차를 마시면서 이야기나 하자.

➡ 그날 밤은 어둡고 조용했다.

➡ 나의 누이는 사무원이다.

➡ 그들은 나를 신약으로 치료했다.

➡ 어젯밤 그의 집에 도둑이 들었다.

➡ 나는 그 영화 제목을 기억하지 못한다.

0193 **fault**
[fɔ:lt] 명 결점; 잘못

0194 **mind**
[maind] 명 마음, 정신

0195 **swan**
[swan] 명 백조

0196 **both**
[bouθ] 대 양쪽

0197 **crop**
[krap] 명 농작물; 수확

0198 **wind**
[wind] 명 바람

0199 **pass**
[pæs] 동 지나가다; 합격하다

0200 **duck**
[dʌk] 명 오리

0201 **little**
[lítl] 형 작은; 어린

0202 **wave**
[weiv] 명 파도 동 흔들다

0203 **junk**
[dʒʌŋk] 명 폐물, 쓰레기

0204 **mask**
[mæsk] 명 가면

0205 **plant**
[plænt] 명 식물

0206 **label**
[léibəl] 명동 라벨(을 붙이다)

0207 **taste**
[teist] 동 맛이 나다, 맛을 보다

0208 **noisy**
[nɔ́izi] 형 시끄러운

0209 **smart**
[sma:rt] 형 재치 있는, 영리한

0210 **exam**
[igzǽm] 명 시험

0211 **web**
[web] 명 거미집; ~망

0212 **hate**
[heit] 동 싫어하다 명 미움

0213 **wish**
[wiʃ] 동 희망하다 명 소원

0214 **even**
[í:vən] 부 ~조차, ~마저

0215 **ask**
[æsk] 동 묻다; 부탁하다

0216 **try**
[trai] 동 노력하다; 시도하다

a man of many ＿＿s
결점이 많은 사람

a water ＿＿
수생 식물

change one's ＿＿
마음을 바꾸다

＿＿ a bottle
병에 라벨을 붙이다

as graceful as a ＿＿
백조처럼 우아한

＿＿ sour
신맛이 나다

＿＿ of the brothers
그 형제 둘 다

a ＿＿ classroom
시끄러운 교실

gather a ＿＿
농작물을 수확하다

a ＿＿ student
영리한 학생

a cold ＿＿
찬바람

an English ＿＿
영어 시험

＿＿ the examination
시험에 합격하다

a spider's ＿＿
거미줄

a domestic ＿＿
집오리

love and ＿＿
사랑과 미움

a ＿＿ bird
작은 새

a ＿＿ for peace
평화의 소원

＿＿ a flag
깃발을 흔들다

cool ＿＿ in August
8월인데도 시원하다

a ＿＿ car
고물차

＿＿ about me
나에 관해 묻다

wear a ＿＿
가면을 쓰다

＿＿ a job
일을 해보다

It is easy for us to find **fault** with others.

Tell me what you have in **mind**.

A **swan** is swimming in the lake.

Both of them are dead.

The rice **crop** is already in.

The **wind** was blowing.

I have to **pass** this way to go to school.

The **ducks** are swimming in the pond.

My **little** finger hurts.

The **waves** are very high today.

The floor was piled high with **junk**.

All of them are wearing **masks**.

There are many wild **plants** in the field.

The washing instructions are on the **label**.

It **tastes** sweet.

The street is very **noisy** with traffic.

The policeman looks very **smart**.

I studied for an **exam**.

The spider is spinning a **web**.

They **hate** each other.

The boy has a **wish** to meet the President.

Even a child can do it.

May I **ask** a question?

He **tried** to help me.

➡ 남의 결점을 찾기는 쉽다.

➡ 마음에 두고 있는 것을 말해 보아라.

➡ 백조가 호수에서 헤엄치고 있다.

➡ 그들은 둘 다 죽었다.

➡ 벼의 추수가 벌써 끝났다.

➡ 바람이 불고 있었다.

➡ 나는 학교에 가기 위해 이 길을 지나가야 한다.

➡ 오리들이 연못에서 헤엄치고 있다.

➡ 새끼손가락이 아프다.

➡ 오늘은 파도가 높다.

➡ 마루에는 잡동사니가 산더미처럼 쌓여 있었다.

➡ 그들은 모두 가면을 쓰고 있다.

➡ 들에는 많은 야생 식물이 있다.

➡ 세탁방법은 라벨에 있다.

➡ 그것은 달콤한 맛이 난다.

➡ 거리는 자동차들 때문에 무척 시끄럽다.

➡ 그 경찰은 매우 재치 있어 보인다.

➡ 나는 시험에 대비하여 공부했다.

➡ 거미가 거미줄을 잣고 있다.

➡ 그들은 서로 미워한다.

➡ 그 소년은 대통령을 만나는 것이 소원이다.

➡ 어린아이조차도 그것을 할 수 있다.

➡ 질문을 해도 되겠습니까?

➡ 그는 나를 도우려고 했다.

0217 **end** [end] 명 끝

0218 **wife** [waif] 명 아내

0219 **ruin** [rú:in] 명 파멸; 폐허

0220 **size** [saiz] 명 크기; 치수, 사이즈

0221 **sad** [sæd] 형 슬픈

0222 **sun** [sʌn] 명 해, 태양

0223 **fun** [fʌn] 명 장난, 재미

0224 **tell** [tel] 동 말하다

0225 **rich** [ritʃ] 형 부유한; 풍족한

0226 **last** [la:st] 형 마지막의; 지난

0227 **race** [reis] 명 경주, 레이스

0228 **weak** [wi:k] 명 약한

0229 **span** [spæn] 명 한 뼘; 기간

0230 **meat** [mi:t] 명 고기

0231 **maybe** [méibi] 부 아마, 어쩌면

0232 **hire** [haiə*r*] 동 고용하다

0233 **roll** [roul] 동 굴리다; 말다

0234 **bug** [bʌg] 명 곤충

0235 **film** [film] 명 영화; 필름

0236 **trip** [trip] 명 (짧은) 여행

0237 **gain** [gein] 동 얻다; 벌다

0238 **truth** [tru:θ] 명 사실, 진실

0239 **crab** [kræb] 명 게

0240 **wolf** [wulf] 명 늑대

the ____ of the story
이야기의 **끝**

a short ____ of time
짧은 **기간**

a devoted ____
헌신적인 **아내**

cook ____
고기를 요리하다

the ____s of ancient Greece
고대 그리스 **유적**

____ more
아마 그 이상이다

the ____ of the window
창문의 **크기**

____ a clerk
점원을 **고용하다**

a ____ story
슬픈 이야기

____ in the bed
침대에서 **뒹굴다**

bathe in the ____
일광욕을 하다

a ____ in the kitchen
부엌의 **벌레**

great ____
커다란 **재미**

a color ____
컬러 **영화**

____ a lie
거짓말을 **하다**

a ____ to Jejudo
제주도 **여행**

a ____ father
부자 아버지

____ popularity
인기를 **얻다**

the ____ day
마지막 날

tell the ____
진실을 말하다

a boat ____
보트 **경주**

be bitten by a ____
게에게 물리다

a ____ team
약한 팀

a ____ in sheep's clothing
양의 탈을 쓴 **늑대**

Hold the **end** of the stick.

He needs a **wife** to look after him.

War brings misery and **ruin**.

These two caps are of the same **size**.

I am very **sad**.

The **sun** rises in the east and sets in the west.

We had a lot of **fun** at the picnic.

He **told** me the news.

Korea is **rich** in seafood.

I met him **last** Sunday.

I was last in the **race**.

She is very **weak**.

The elephant's life **span** is long.

I don't like **meat**.

Maybe it's in my drawer.

We're trying to **hire** more people.

The children **rolled** the snowball down the hill.

He looked at a **bug**.

Shall we go and see a **film**?

Have a good **trip**!

He **gained** a lot of popularity.

I doubt the **truth** of the story.

Animals like octopuses and **crabs** do not have a spine.

A **wolf** appeared behind a tree.

➡ 막대 끝을 쥐어라.

➡ 그는 자신을 보살펴 줄 아내가 필요하다.

➡ 전쟁은 불행과 파멸을 초래한다.

➡ 이 두 개의 모자는 같은 크기이다.

➡ 나는 매우 슬프다.

➡ 해는 동쪽에서 떠서 서쪽으로 진다.

➡ 우리는 소풍 가서 아주 재미있게 보냈다.

➡ 그가 그 소식을 내게 말해 주었다.

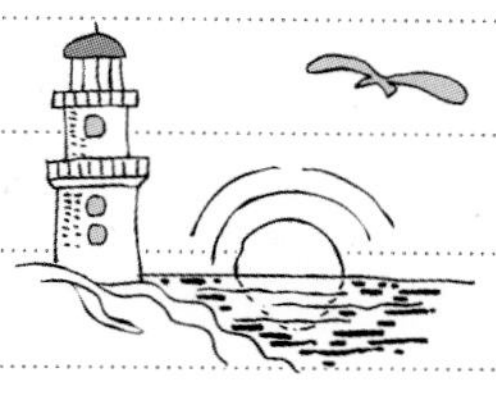

➡ 한국은 해산물이 풍부하다.

➡ 나는 지난 일요일에 그를 만났다.

➡ 나는 경주에서 꼴찌로 들어왔다.

➡ 그녀는 몸이 아주 약하다.

➡ 코끼리의 수명은 길다.

➡ 나는 고기를 좋아하지 않는다.

➡ 그건 아마 내 서랍 안에 있을 거다.

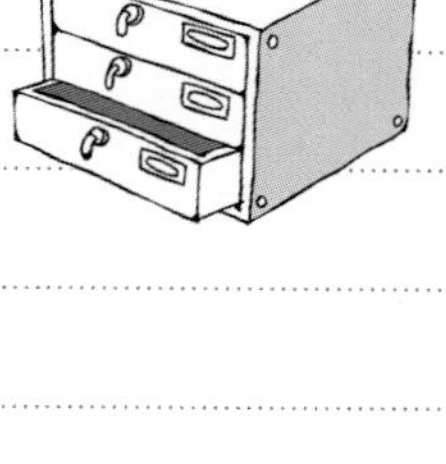

➡ 우린 고용할 사람을 더 찾고 있다.

➡ 아이들은 언덕 아래로 눈덩이를 굴렸다.

➡ 그는 벌레를 보았다.

➡ 우리 영화 보러 가지 않을래?

➡ 즐거운 여행 되세요!

➡ 그는 많은 인기를 얻었다.

➡ 그 이야기가 정말인지 아닌지 의심스럽다.

➡ 문어나 게 같은 동물들에게는 등뼈가 없다.

➡ 늑대 한 마리가 나무 뒤에서 나타났다.

0241 **sand** [sænd] 명 모래

0242 **brick** [brik] 명 벽돌

0243 **clear** [kliər] 형 맑은

0244 **hero** [híərou] 명 영웅

0245 **cart** [kaːrt] 명 짐수레

0246 **drop** [drap] 동 떨어지다, 내리다

0247 **fruit** [fruːt] 명 과일

0248 **onto** [ántuː] 전 ~위에

0249 **pour** [pɔːr] 동 따르다, 붓다

0250 **fold** [fould] 동 접다

0251 **flour** [flauər] 명 밀가루

0252 **edge** [edʒ] 명 (칼의) 날; 가장자리

0253 **heat** [hiːt] 명 열, 더위

0254 **tick** [tik] 동 똑딱거리다

0255 **user** [júːzər] 명 사용자

0256 **part** [paːrt] 명 부분

0257 **date** [deit] 명 날짜

0258 **life** [laif] 명 생활; 생명

0259 **hope** [houp] 동 바라다 명 희망

0260 **dirty** [dɔ́ːrti] 형 더러운, 비열한

0261 **drug** [drʌg] 명 약; 마약

0262 **dish** [diʃ] 명 접시; 요리

0263 **okay** [òukéi] 형 좋은 감 좋아

0264 **painter** [péintər] 명 화가

white ______
하얀 **모래**

a wall of ______s
벽돌 벽

a ______ sky
맑은 하늘

a war ______
전쟁 **영웅**

draw a ______
수레를 끌다

______ the price
값을 **내리다**

fresh ______
신선한 **과일**

get ______ a horse
말에 **올라**타다

______ water into a bucket
양동이에 물을 **붓다**

______ clothes neatly
옷을 말끔히 **접다**

make ______ into bread
밀가루를 빵으로 만들다

the ______ of the table
테이블의 **가장자리**

the ______ of the sun
태양**열**

a ______ing clock
똑딱거리는 시계

______s of public transport
대중교통 **이용자**

a ______ of the apple pie
애플파이의 한 **부분**

fix the ______
날짜를 정하다

a very happy ______
매우 행복한 **생활**

give up ______
희망을 버리다

a ______ face
더러운 얼굴

a pain-killing ______
진통**제**

a ______ of meat
고기 한 **접시**

______, I'll do it.
좋아, 내가 해 보지.

a famous ______
유명한 **화가**

Children like to play with **sand**.

Some walls are made of **bricks**.

The water in the pond is very **clear**.

Everybody needs a **hero**.

The shopping **cart** is empty.

Apples **dropped** to the ground.

What **fruit** do you like best?

A dog has jumped up **onto** the stage.

When you **pour** the hot tea, be careful!

I **folded** the paper in two.

Flour is as white as snow.

The **edge** of this knife is dull.

The sun gives us light and **heat**.

The hours **ticked** by.

He is a regular **user** of the subway.

Mary cut the cake into four **parts**.

What's the **date** today?

His **life** was in danger.

I **hope** to see you again.

My feet were **dirty**.

The **drug** operated well.

The cook put the food in a **dish**.

In April I broke my leg, but it is **okay** now.

He hopes to be a **painter**.

➡ 아이들은 모래를 가지고 놀기 좋아한다.

➡ 어떤 벽은 벽돌로 되어 있다.

➡ 연못의 물은 매우 맑다.

➡ 모든 사람은 영웅을 필요로 한다.

➡ 쇼핑 카트가 비어 있다.

➡ 사과는 땅으로 떨어졌다.

➡ 무슨 과일을 제일 좋아하니?

➡ 개가 무대 위로 뛰어올랐다.

➡ 뜨거운 차를 부을 때는 조심하렴!

➡ 나는 그 종이를 둘로 접었다.

➡ 밀가루는 눈처럼 하얗다.

➡ 이 칼날은 무디다.

➡ 태양은 우리에게 빛과 열을 준다.

➡ 시간이 똑딱거리며 지나갔다.

➡ 그는 지하철을 정기적으로 이용한다.

➡ 메리는 케이크를 네 부분으로 잘랐다.

➡ 오늘이 며칠입니까?

➡ 그의 생명이 위험했다.

➡ 당신을 다시 만나 뵙기를 바랍니다.

➡ 내 발은 더러웠다.

➡ 그 약은 효험이 있었다.

➡ 요리사는 음식을 접시에 담았다.

➡ 4월에 다리가 부러졌는데 지금은 괜찮아.

➡ 그는 화가가 되기를 희망한다.

0265 **into**
[íntuː] 전 ~의 안에; ~으로

0266 **most**
[moust] 형 대부분의; 가장 많은

0267 **cool**
[kuːl] 형 시원한

0268 **feel**
[fiːl] 동 느끼다

0269 **give**
[giv] 동 주다

0270 **word**
[wəːrd] 명 말; 단어

0271 **ink**
[iŋk] 명 잉크

0272 **flat**
[flæt] 형 평평한

0273 **frog**
[frɔːg] 명 개구리

0274 **tail**
[teil] 명 (동물의) 꼬리

0275 **twin**
[twin] 명 (-s) 쌍둥이

0276 **role**
[roul] 명 배역; 역할

0277 **leaf**
[liːf] 명 잎, 나뭇잎

0278 **mow**
[mou] 동 (풀 등을) 베다

0279 **wall**
[wɔːl] 명 벽, 담

0280 **gold**
[gould] 명 금

0281 **lady**
[léidi] 명 부인; 숙녀

0282 **page**
[peidʒ] 명 페이지, 쪽

0283 **town**
[taun] 명 읍, 소도시

0284 **farm**
[faːrm] 명 농장

0285 **via**
[váiə] 전 ~을 경유하여

0286 **slow**
[slou] 형 느린

0287 **roof**
[ruːf] 명 지붕

0288 **host**
[houst] 명 (손님 대접하는) 주인

jump ___ the pool
풀 **속으로** 뛰어들다

___ people
대부분의 사람들

___ water
시원한 물

___ pain
통증을 **느끼다**

___ her a watch
그녀에게 시계를 **주다**

a ___ of advice
충고 **한 마디**

black ___
검정 **잉크**

a ___ board
평평한 판자

an edible ___
식용**개구리**

a long ___
긴 **꼬리**

___ brothers
쌍둥이 형제

the teacher's ___ in society
사회에서 교사의 **역할**

a green ___
푸른 **잎**

___ grass
풀을 **베다**

climb a ___
벽을 기어오르다

a ___ watch
금시계

the first ___
대통령 **부인**[영부인]

turn to ___ 9
9 **페이지**를 펴다

a small ___
작은 **도시**

work on a ___
농장에서 일하다

___ the Panama Canal
파나마 운하를 **거쳐**

a ___ train
완행열차

the ___ of a car
차의 **지붕**

act as ___ at a party
파티에서 **주인** 노릇을 하다

A gentleman went **into** the hotel.

He has the **most** books.

It is **cool** today.

Patients usually **feel** sad.

Can you **give** me that pencil?

What does this **word** mean?

He is writing with pen and **ink**.

People believed the earth was **flat**.

Snakes prey on **frogs**.

A dog wagged its **tail**.

The **twins** look exactly the same.

He played an important **role** in the meeting.

Leaves fall in autumn.

I need to **mow** the lawn.

The **wall** is high.

There were several **gold** bars in the pond.

Who is that **lady**?

I wrote my address on the top of the **page**.

There are two high schools in our **town**.

A farmer works on the **farm**.

He went to New York **via** London.

My watch is five minutes **slow**.

Our house has a red **roof**.

He did better as a **host** than as a guest.

➡ 한 신사가 그 호텔 안으로 들어갔다.

➡ 그가 책을 가장 많이 가지고 있다.

➡ 오늘은 시원하다.

➡ 환자들은 대개 슬픔을 느낀다.

➡ 그 연필을 나에게 줄 수 있니?

➡ 이 단어는 무슨 뜻입니까?

➡ 그는 펜과 잉크로 쓰고 있다.

➡ 사람들은 지구가 평평하다고 믿었다.

➡ 뱀은 개구리를 잡아먹는다.

➡ 개가 꼬리를 흔들었다.

➡ 그 쌍둥이는 정말 똑같다.

➡ 그는 그 모임에서 중요한 역할을 했다.

➡ 가을에는 낙엽이 진다.

➡ 나는 잔디를 깎아야 한다.

➡ 벽이 높다.

➡ 그 연못 안에는 금덩이가 여럿 있었다.

➡ 저 부인은 누구입니까?

➡ 나는 페이지 윗부분에 내 주소를 썼다.

➡ 우리 읍에는 고등학교가 둘 있다.

➡ 농부는 농장에서 일한다.

➡ 그는 런던을 거쳐 뉴욕으로 갔다.

➡ 내 시계는 5분 늦다.

➡ 우리 집은 빨간 지붕이다.

➡ 그는 손님보다는 주인노릇을 더 잘했다.

0289 **rank**
[ræŋk] 명 계급; 열

0290 **total**
[tóutl] 형 전체의, 합계의

0291 **gate**
[geit] 명 문

0292 **mark**
[maːrk] 명 점수; 표시

0293 **print**
[print] 명동 인쇄(하다)

0294 **spell**
[spel] 동 철자하다

0295 **quite**
[kwait] 부 아주, 꽤

0296 **move**
[muːv] 동 움직이다; 이사하다

0297 **later**
[léitər] 부 뒤에

0298 **stick**
[stik] 명 막대기, 지팡이

0299 **cloth**
[klɔθ] 명 천, 직물

0300 **thick**
[θik] 형 두꺼운; 진한

0301 **harm**
[haːrm] 명 해 동 해치다

0302 **throw**
[θrou] 동 던지다

0303 **silver**
[sílvər] 명 은

0304 **photo**
[fóutou] 명 사진

0305 **twist**
[twist] 동 꼬다, 비틀어 돌리다

0306 **slice**
[slais] 명 얇게 썬 조각 동 얇게 썰다

0307 **while**
[hwail] 접 ~하는 동안

0308 **soap**
[soup] 명 비누

0309 **tank**
[tæŋk] 명 탱크

0310 **field**
[fiːld] 명 들판

0311 **pilot**
[páilət] 명 조종사

0312 **chart**
[tʃaːrt] 명 도표

the upper ______s of society
상류 사회

bodily ______
육체적 피해

the sum ______
총액

______ a fast ball
빠른 볼[속구]을 던지다

open a ______
문을 열다

exchange gold for ______
금과 은을 교환하다

a question ______
물음표

take her ______
그녀의 사진을 찍다

______ posters
포스터를 인쇄하다

______ a thread
실을 꼬다

______ his name
그의 이름의 철자를 쓰다

______ an apple
사과를 얇게 썰다

______ dark
아주 어둡다

______ he was staying
그가 머무르는 동안

______ the table
탁자를 옮기다

liquid ______
액체 비누

a few minutes ______
몇 분 후에

______s for storing oil
석유 저장 탱크

strike with a ______
지팡이로 때리다

play in the green ______
풀밭에서 놀다

clean ______
깨끗한 천

an old ______
나이든 조종사

a ______ line
굵은 선

a bar ______
막대도표

We sat in the front **rank**.

The **total** number of students in this class is forty.

A man is standing by the **gate**.

There is a red **mark** where you hit your head.

This book is clearly **printed**.

How do you **spell** the word?

He was **quite** young.

He **moved** to an apartment.

The accident took place a few minutes **later**.

She gave me a **stick** of candy.

Mother bought a yard of **cloth**.

The dictionary is very **thick**.

Television can do students **harm**.

Throw the ball to me.

Silver is used for forks, dishes and other things.

I'll take a **photo** of you.

The river **twists** through the field.

I ate a **slice** of toast for lunch.

They arrived **while** we were having dinner.

Wash your hands with **soap**.

He is filling his car's gas **tank**.

Cows are eating grass in the **field**.

I want to be a **pilot**.

The **chart** illustrates how the body works.

➡ 우리는 앞줄에 앉았다.

➡ 이 학급의 전체 학생 수는 40명이다.

➡ 한 사람이 문 옆에 서 있다.

➡ 네가 머리 부딪친 곳에 붉은 자국이 있다.

➡ 이 책은 선명하게 인쇄되어 있다.

➡ 그 낱말은 어떻게 철자합니까?

➡ 그는 꽤 젊었다.

➡ 그는 아파트로 이사했다.

➡ 그 사고는 몇 분 후에 일어났다.

➡ 그녀는 내게 막대 사탕을 주었다.

➡ 어머니는 1야드의 천을 샀다.

➡ 그 사전은 매우 두껍다.

➡ 텔레비전은 학생들에게 해를 끼칠 수 있다.

➡ 나에게 그 공을 던져라.

➡ 은은 포크, 접시나 그 밖의 것에 쓰인다.

➡ 네 사진을 찍어 줄게.

➡ 강은 들판을 굽이쳐 흐르고 있다.

➡ 나는 점심에 토스트 한 조각을 먹었다.

➡ 우리가 저녁을 먹고 있는 동안에 그들이 도착했다.

➡ 비누로 손을 씻어라.

➡ 그는 자동차 연료 탱크에 급유하고 있다.

➡ 소들이 들에서 풀을 먹고 있다.

➡ 나는 조종사가 되고 싶다.

➡ 그 도표는 신체의 기능을 설명한다.

0313 **gram** [græm] 명 그램

0314 **liter** [líːtər] 명 리터

0315 **rush** [rʌʃ] 동 돌진하다, 달려들다

0316 **hear** [hiər] 동 듣다, 들리다

0317 **goal** [goul] 명 목적; 골

0318 **box** [baks] 명 상자

0319 **fix** [fiks] 동 고정시키다; 정하다

0320 **rip** [rip] 동 찢다, 찢어지다

0321 **drink** [driŋk] 동 마시다

0322 **spill** [spil] 동 엎지르다

0323 **head** [hed] 명 머리

0324 **math** [mæθ] 명 수학

0325 **heart** [haːrt] 명 심장; 마음

0326 **diary** [dáiəri] 명 일기

0327 **bud** [bʌd] 명 꽃눈; 봉오리

0328 **root** [ruːt] 명 (식물의) 뿌리; 근본

0329 **final** [fáinəl] 형 마지막의; 결정적인

0330 **fight** [fait] 동 싸우다

0331 **front** [frʌnt] 명 정면

0332 **send** [send] 동 보내다

0333 **peck** [pek] 동 쪼다

0334 **list** [list] 명 일람표, 리스트, 명부

0335 **fact** [fækt] 명 사실

0336 **here** [hiər] 명 여기

130 ______s of salt
130**그램**의 소금

a kind ______
친절한 **마음씨**

a ______ of milk
우유 1**리터**

keep a ______
일기를 쓰다

______ into the room
방으로 **뛰어 들어가다**

a flower ______
꽃**눈**

______ a voice
목소리가 **들리다**

take ______
뿌리를 내리다

one's ______ in life
인생의 **목표**

the ______ round
최종회

a ______ of apples
사과 한 **상자**

______ the enemy
적과 **싸우다**

______ a clock to the wall
벽에 시계를 **걸다**

the ______ of a jacket
상의의 **앞부분**

______ a letter open
편지를 **찢어** 개봉하다

______ him a card
그에게 카드를 **보내다**

______ a cup of coffee
커피를 한 잔 **마시다**

______ the corn
옥수수를 **쪼아 먹다**

______ milk
우유를 **엎지르다**

a ______ of members
회원 **명부**

strike on the ______
머리를 때리다

tell the ______
사실을 말하다

a ______ problem
수학 문제

this package ______
여기에 있는 이 소포

Can I have 200 **grams** of cheese, please?

A **liter** equals 1,000 cubic centimeters.

He **rushed** at me.

We **hear** with our ears.

Goalkeepers need to keep the balls away from the **goal**.

He keeps his toys in a **box**.

The price is **fixed** at one dollar.

The sleeve **ripped** away from the coat.

I want something to **drink**.

Tony **spilled** the water on the floor.

He is wearing a hat on his **head**.

English is easier than **math**.

She has a kind **heart**.

She keeps a **diary**.

The roses are still in **bud**.

Money is the **root** of all evil.

He is the **final** victor.

The two boys **fight** each other.

There is a garden in **front** of the house.

I shall **send** her some money.

Woodpeckers **peck** holes in trees.

His name is on the **list** of the graduates.

It is a **fact** that everything changes.

Here is a picture of our school.

➡ 치즈 200그램만 주시겠어요?

➡ 1리터는 1,000 c.c.에 해당한다.

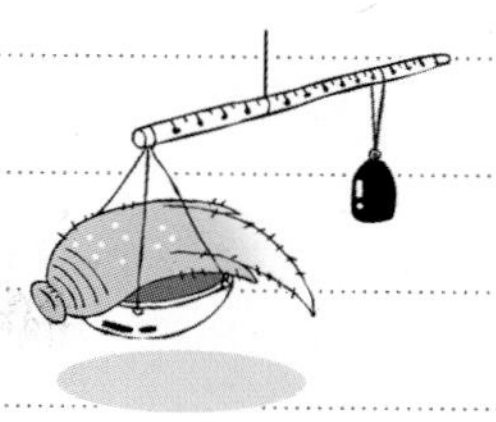

➡ 그는 나에게 달려들었다.

➡ 우리는 귀로 듣는다.

➡ 골키퍼는 공이 골에 못 들어오게 해야 한다.

➡ 그는 장난감을 상자에 보관한다.

➡ 값은 1달러로 정해져 있다.

➡ 상의에서 소매가 찢어져 나갔다.

➡ 뭐 좀 마실 것이 있으면 좋겠다.

➡ 토니가 물을 바닥에 엎질렀다.

➡ 그는 머리에 모자를 쓰고 있다.

➡ 영어는 수학보다 쉽다.

➡ 그녀는 친절한 마음씨를 가지고 있다.

➡ 그녀는 일기를 쓴다.

➡ 장미꽃은 아직 봉오리 상태다.

➡ 돈은 모든 악의 근원이다.

➡ 그는 최후의 승자다.

➡ 두 소년은 서로 싸운다.

➡ 집 앞에 정원이 있다.

➡ 나는 그녀에게 약간의 돈을 보낼 것이다.

➡ 딱따구리는 나무를 쪼아 구멍을 뚫는다.

➡ 그의 이름은 졸업생 명부에 올라 있다.

➡ 모든 것이 변한다는 것은 사실이다.

➡ 여기에 우리 학교 사진이 있다.

0337 **mad**
[mæd] 형 미친

0338 **fair**
[fɛər] 형 공정한

0339 **row**
[rou] 명 열, 줄

0340 **need**
[niːd] 동 필요하다; ~할 필요가 있다

0341 **bike**
[baik] 명 자전거

0342 **make**
[meik] 동 만들다

0343 **bank**
[bæŋk] 명 은행

0344 **seed**
[siːd] 명 씨, 씨앗

0345 **grow**
[grou] 동 성장하다; 재배하다

0346 **site**
[sait] 명 터, 부지; 사이트

0347 **boss**
[bɔːs] 명 우두머리, 상사

0348 **away**
[əwéi] 부 떨어져서

0349 **lazy**
[léizi] 형 게으른

0350 **god**
[gad] 명 신, 하느님

0351 **mop**
[map] 명 대걸레 동 대걸레로 닦다

0352 **pot**
[pat] 명 항아리, 단지, 포트

0353 **only**
[óunli] 형 유일한 부 오직, 겨우

0354 **club**
[klʌb] 명 클럽, 동호회

0355 **star**
[stɑr] 명 별

0356 **soil**
[sɔil] 명 흙, 땅

0357 **die**
[dai] 동 죽다

0358 **link**
[liŋk] 명 고리; 유대 동 잇다

0359 **sea**
[siː] 명 바다

0360 **joy**
[dʒɔi] 명 기쁨

act like a ____ man
미친 사람처럼 행동하다

a ____ man
게으른 사람

a ____ decision
공정한 결정

believe in ____
신을 믿다

a ____ of houses
줄지어 선 집들

____ up spilt water
엎지른 물을 닦다

____ a friend
친구가 필요하다

juice in a ____
단지 속의 주스

ride a ____
자전거를 타다

eat ____ bread
빵만 먹다

____ a dress
드레스를 만들다

join a ____
클럽에 입회하다

work at a ____
은행에서 일하다

a bright ____
밝은 별

grain ____s
곡물의 종자

rich ____
기름진 땅

____ very quickly
매우 빨리 성장하다

____ young
젊어서 죽다

the ____ for a new school
신설 학교의 부지

a strong ____
강한 유대

the ____ of a company
회사의 우두머리

a deep ____
깊은 바다

a ship far ____
멀리 떨어진 배

share ____
기쁨을 나누다

He is **mad** about photography.

We must play a **fair** game.

The boys are standing in a **row**.

You **need** to be more careful.

They go to school by **bike**.

The children are **making** a snowman.

You can save your money in the **bank**.

Plants develop from **seeds**.

He **grows** many plants.

They situated a factory on a suitable **site**.

My **boss** is a workaholic.

He is **away** from home.

The **lazy** boys failed the examination.

Many people believe in **God**.

He's **mopping** the floor.

She took a **pot** out of the oven.

You are the **only** one that I can trust.

My **club** has a meeting twice a week.

We can see many **stars** at night.

Plants take water from the **soil**.

Man must **die**.

The **link** between sisters is strong.

Sea water is salt water.

I heard a shout of **joy**.

➡ 그는 사진에 미쳐 있다.

➡ 우리는 공정한 경기를 해야 한다.

➡ 소년들은 한 줄로 서 있다.

➡ 너는 좀 더 조심할 필요가 있다.

➡ 그들은 자전거를 타고 등교한다.

➡ 아이들은 눈사람을 만들고 있다.

➡ 너는 은행에 너의 돈을 저금할 수 있다.

➡ 식물은 씨에서 자란다.

➡ 그는 많은 식물들을 재배한다.

➡ 그들은 적당한 장소에 공장을 세웠다.

➡ 우리 사장님은 일벌레다.

➡ 그는 집에 없다.

➡ 그 게으른 소년들은 시험에 떨어졌다.

➡ 많은 사람들은 신을 믿는다.

➡ 그는 대걸레로 바닥을 청소하고 있다.

➡ 그녀는 오븐에서 단지를 꺼냈다.

➡ 내가 믿을 수 있는 사람은 너 하나뿐이다.

➡ 우리 클럽은 1주일에 두 번 모임을 갖는다.

➡ 우리는 밤에 많은 별을 볼 수 있다.

➡ 식물은 땅에서 물을 얻는다.

➡ 인간은 반드시 죽는다.

➡ 자매들 간의 유대가 강하다.

➡ 바닷물은 소금물이다.

➡ 나는 환호성을 들었다.

0361 **bill**
[bil] 명 계산서; 지폐

0362 **owe**
[ou] 동 빚지고 있다

0363 **bow**
[bau] 동 절하다, 머리를 숙이다

0364 **pull**
[pul] 동 끌다, 당기다

0365 **view**
[vju:] 명 전망, 경치; 관점

0366 **bird**
[bə:rd] 명 새

0367 **gift**
[gift] 명 선물

0368 **rain**
[rein] 명 비 동 비가 오다

0369 **burn**
[bə:rn] 동 불타다; 불태우다

0370 **sink**
[siŋk] 동 가라앉다; (해·달이) 지다

0371 **fan**
[fæn] 명 부채; 팬 동 부치다

0372 **low**
[lou] 형 낮은

0373 **kin**
[kin] 명 친척

0374 **kid**
[kid] 명 아이

0375 **bin**
[bin] 명 큰 상자; 저장소

0376 **pray**
[prei] 동 빌다; 간청하다

0377 **truly**
[trú:li] 부 진실로

0378 **care**
[kεər] 명 주의; 돌봄

0379 **cent**
[sent] 명 센트

0380 **meal**
[mi:l] 명 식사

0381 **tale**
[teil] 명 이야기

0382 **oar**
[ɔ:r] 명 노

0383 **pay**
[pei] 동 지불하다

0384 **boat**
[bout] 명 보트

a grocery ____
식료품점의 **계산서**

____ 10,000 won
빚이 만 원 **있다**

____ to my teacher
선생님께 **머리를 숙이다**

____ a dog's tail
개의 꼬리를 **잡아당기다**

a wonderful ____
멋진 **전망**

shoot at a ____
새를 쏘다

a birthday ____
생일 **선물**

heavy ____
큰**비**

____ paper
종이를 **태우다**

____ under water
물에 **잠기다**

____ one's face with a notebook 노트로 얼굴을 **부치다**

a ____ voice
낮은 목소리

next of ____
가장 가까운 **친척**인

a little ____
어린 **아이**

a dust ____
쓰레기**통**

____ for pardon
용서를 **빌다**

a ____ beautiful picture
참으로 아름다운 그림

the ____ of a baby
아기를 **돌봄**

six 20-____ stamps
20**센트**짜리 우표 6장

a delicious ____
맛있는 **식사**

a fairy ____
동**화**

pull on ____s
노를 **젓다**

____ in full
전액을 **지불하다**

get in a ____
보트를 타다

Can I have the **bill**?

I **owe** you an apology.

They **bowed** to the king.

He **pulled** my hair.

My room has a good **view**.

A **bird** is flying in the sky.

This watch is a **gift** from my grandma.

We had a lot of **rain** this year.

The coal is **burning**.

The sun was **sinking** in the west.

I am a great **fan** of the Korean soccer team.

I bought this fountain pen at a **low** price.

He is **kin** to me.

I took the **kids** to the park.

The clerk is putting fruit in **bins**.

They **prayed** for rain.

He was a **truly** great politician.

He is full of **care**.

One dollar is 100 **cents**.

I eat three **meals** a day.

There is an air of romance about his **tale**.

He pulled on the **oars** hard.

I **paid** two dollars for the cake.

We took a **boat** on the lake.

➡ 계산서 좀 주세요.

➡ 당신에게 사과할 일이 있습니다.

➡ 그들은 왕에게 절을 했다.

➡ 그는 나의 머리를 잡아당겼다.

➡ 내 방은 전망이 좋다.

➡ 새가 하늘을 날고 있다.

➡ 이 시계는 할머니께서 주신 선물이다.

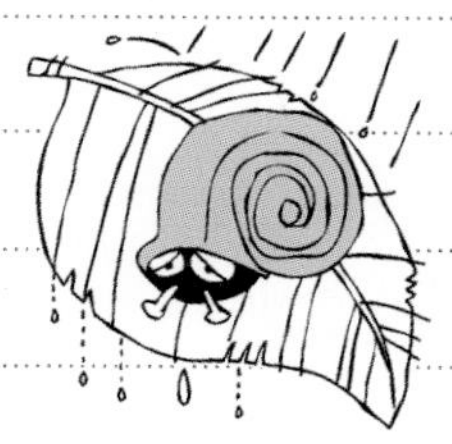

➡ 올해는 비가 많이 왔다.

➡ 석탄이 타고 있다.

➡ 해가 서쪽으로 지고 있었다.

➡ 나는 한국 축구팀의 열렬한 팬이다.

➡ 나는 이 만년필을 싼 값에 샀다.

➡ 그는 내 친척이다.

➡ 나는 아이들을 공원에 데리고 갔다.

➡ 점원이 과일을 상자에 담고 있다.

➡ 그들은 비를 내려달라고 빌었다.

➡ 그는 참으로 위대한 정치가였다.

➡ 그는 주의 깊은 사람이다.

➡ 1달러는 100센트이다.

➡ 나는 하루에 세 번 식사를 한다.

➡ 그의 이야기에는 로맨틱한 분위기가 있다.

➡ 그는 노를 힘껏 저었다.

➡ 나는 2달러를 주고 그 케이크를 샀다.

➡ 우리들은 호수에서 보트를 탔다.

0385 **pink**
[piŋk] 명형 분홍색(의)

0386 **rate**
[reit] 명 비율; 금액

0387 **calm**
[kaːm] 형 잔잔한, 고요한 동 진정하다

0388 **hide**
[haid] 동 감추다; 숨(기)다

0389 **pet**
[pet] 명 애완동물

0390 **file**
[fail] 명 서류철 동 철하다

0391 **pain**
[pein] 명 아픔, 고통

0392 **jump**
[dʒʌmp] 동 뛰다, 뛰어오르다

0393 **seek**
[siːk] 동 찾다; 추구하다

0394 **face**
[feis] 명 얼굴

0395 **form**
[fɔːrm] 명 형태; 종류, 서류양식

0396 **free**
[friː] 형 자유로운; 무료의

0397 **slip**
[slip] 동 미끄러지다

0398 **fall**
[fɔːl] 동 떨어지다

0399 **gas**
[gæs] 명 기체; 가스

0400 **coin**
[kɔin] 명 동전

0401 **pick**
[pik] 동 따다; 고르다, 뽑다

0402 **rent**
[rent] 명 집세 동 임대하다

0403 **rock**
[rak] 명 바위

0404 **plan**
[plæn] 명동 계획(하다), ~할 작정이다

0405 **fairy**
[fέəri] 명 요정

0406 **name**
[neim] 명 이름

0407 **dive**
[daiv] 동 뛰어들다

0408 **hold**
[hould] 동 (손에) 들다, 쥐다

dressed in ____
분홍색 옷을 입은

the birth ____
출산**율**

the ____ before the storm
폭풍우 전의 **고요**

____ behind a tree
나무 뒤에 **숨다**

a ____ dog
애완견

a ____ of the Times
더 타임스 **철**

cry with ____
통증으로 소리치다

____ into the sea
바다 속으로 **뛰어들다**

____ the truth
진리를 **탐구하다**

a broad ____
넓적한 **얼굴**

fill in a ____
서류를 작성하다

____ time
자유 시간

____ on the snow
눈 위를 **미끄러지다**

____ to the ground
땅에 **떨어지다**

light the ____
가스에 불을 붙이다

a ____ changer
동전 교환기

____ flowers
꽃을 **꺾다**

a low ____
싼 **임대료**

a big ____
큰 **바위**

____ a party
파티를 **계획하다**

a good ____
착한 **요정**

call his ____
그의 **이름**을 부르다

____ into a river
강물에 **뛰어들다**

____ an arm
팔을 **잡다**

She sent him a **pink** rose.

The birth **rate** is falling sharply.

After the storm comes a **calm**.

He **hid** his diary under the desk.

I want to keep a **pet** dog.

I need those **files** by tomorrow morning.

I feel **pain** in my hands.

The dog **jumped** over the fence.

I'm **seeking** a solution to the problem.

He is washing his **face**.

Fill in this **form**, please.

Lincoln set the slaves **free**.

He **slipped** on a banana skin.

Snow is **falling** from the sky.

Turn on[off] the **gas**.

Bronze **coins** began to be used in China in 400 B.C.

They **picked** all the apples.

She pays her **rent** every week.

I sat down on a **rock**.

At breakfast I **planned** my day.

Do you believe **fairies** exist?

What is your **name**?

The woman is watching the boy **dive**.

He is **holding** a bat in his right hand.

➡ 그녀는 그에게 분홍 장미 한 송이를 보냈다.

➡ 출산율이 급격히 떨어지고 있다.

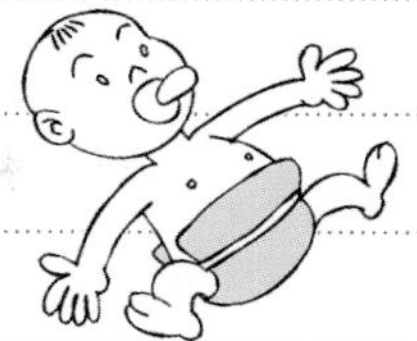

➡ 폭풍우가 지나면 고요함이 온다.

➡ 그는 그의 일기장을 책상 밑에 숨겼다.

➡ 나는 애완견을 기르고 싶다.

➡ 그 서류철이 내일 아침까지 필요하다.

➡ 손이 아프다.

➡ 그 개는 담을 뛰어넘었다.

➡ 나는 그 문제의 해결책을 찾고 있다.

➡ 그는 얼굴을 씻고 있다.

➡ 이 서류를 작성하세요.

➡ 링컨은 노예를 해방했다.

➡ 그는 바나나 껍질을 밟아서 미끄러졌다.

➡ 하늘에서 눈이 내리고 있다.

➡ 가스를 켜라[꺼라].

➡ 구리 동전은 기원전 400년에 중국에서 사용되기 시작했다.

➡ 그들은 모든 사과를 땄다.

➡ 그녀는 매주 임대료를 지불한다.

➡ 나는 바위에 앉았다.

➡ 아침을 먹으며 나는 하루를 계획했다.

➡ 당신은 요정이 존재한다고 믿으세요?

➡ 당신의 이름은 무엇입니까?

➡ 여자가 소년이 다이빙하는 것을 보고 있다.

➡ 그는 오른손에 배트를 들고 있다.

0409 **sir**
[səːr] 명 님, 씨, 선생님; 경

0410 **diet**
[dáiət] 명 식단; 특별식

0411 **wise**
[waiz] 형 현명한

0412 **bake**
[beik] 동 (오븐으로) 굽다

0413 **ax**
[æks] 명 도끼

0414 **iron**
[áiərn] 명 철; 다리미

0415 **pond**
[pand] 명 연못

0416 **dull**
[dʌl] 형 둔한; 지루한

0417 **catch**
[kætʃ] 동 붙들다, 잡다; (병에) 걸리다

0418 **main**
[mein] 형 주요한

0419 **loud**
[laud] 형 큰소리의

0420 **bowl**
[boul] 명 사발, 그릇

0421 **own**
[oun] 형 자기 자신의

0422 **ring**
[riŋ] 동 (벨이) 울리다

0423 **large**
[laːrdʒ] 형 큰, 넓은

0424 **clock**
[klak] 명 시계

0425 **save**
[seiv] 동 구하다; 저축하다

0426 **chip**
[tʃip] 명 조각; 토막

0427 **week**
[wiːk] 명 주

0428 **push**
[puʃ] 동 밀다

0429 **hole**
[houl] 명 구멍

0430 **prize**
[praiz] 명 상

0431 **rope**
[roup] 명 줄, 로프

0432 **bulb**
[bʌlb] 명 전구

_____ Isaac Newton
아이삭 뉴턴 **경**

a vegetable _____
채**식**

a _____ judge
현명한 재판관

_____ pottery
도자기를 **굽다**

lift a heavy _____
무거운 **도끼**를 들어 올리다

an electric _____
전기**다리미**

a _____ in the garden
정원의 **연못**

have _____ senses
감각이 **둔하다**

_____ a ball
공을 **받다**

a _____ event
주요 행사

a _____ voice
큰 소리

a _____ of rice
밥 한 **공기**

of one's _____
자기 소유의

_____ a bell
벨을 **울리다**

a _____ house
큰 집

an alarm _____
자명종 **시계**

_____ her life
그녀의 목숨을 **구하다**

a _____ of wood
나무**토막**

this _____
이번 **주**

_____ at the back
뒤에서 **밀다**

a _____ in the roof
지붕의 **구멍**

win first _____
1등**상**을 받다

cut the _____
줄을 끊다

change the _____
전구를 갈다

Good morning, **sir**.

It is important to have a balanced **diet**.

The heroine was brave and **wise**.

He is **baking** bread in the oven.

He cut down a tree with an **ax**.

Strike while the **iron** is hot.

They have a **pond** in the garden.

His story was **dull**.

I have **caught** a cold.

This is the **main** street of this town.

He spoke to me in a **loud** voice.

First, a **bowl** of vegetable soup was served.

This is my **own** house.

The bell is **ringing**.

He had **large** black eyes.

There is a **clock** on the wall.

He **saved** some money for his trip.

Chips of wood are floating in the water.

There are seven days in a **week**.

He **pushed** me suddenly.

The girl is digging a **hole**.

He gave me a clock as a **prize**.

I tied up my package with a **rope**.

The light **bulb** went out.

➡ 안녕하십니까, 선생님.

➡ 균형 잡힌 식사를 하는 것이 중요하다.

➡ 그 여주인공은 용감하고 현명했다.

➡ 그는 오븐에 빵을 굽고 있다.

➡ 그는 도끼로 나무 한 그루를 베어 넘어뜨렸다.

➡ 쇠는 달구어졌을 때 두드려라.

➡ 그들은 정원에 연못을 갖고 있다.

➡ 그의 이야기는 재미없었다.

➡ 나는 감기에 걸렸다.

➡ 이곳이 이 도시의 번화가이다.

➡ 그는 큰소리로 나에게 말했다.

➡ 먼저 야채 수프가 나왔다.

➡ 이것은 내 소유의 집이다.

➡ 벨이 울리고 있다.

➡ 그는 크고 검은 눈을 가졌다.

➡ 벽에 시계가 하나 있다.

➡ 그는 여행을 위해 얼마간의 돈을 저축했다.

➡ 나무토막들이 물에 떠다니고 있다.

➡ 1주일은 7일이다.

➡ 그는 갑자기 나를 밀었다.

➡ 소녀가 구멍을 파고 있다.

➡ 그는 나에게 상으로 시계를 주었다.

➡ 나는 짐을 줄로 묶었다.

➡ 전구가 불이 안 들어온다.

0433 **trash**
[træʃ] 명 쓰레기

0434 **greet**
[gri:t] 동 인사하다, 환영하다

0435 **north**
[nɔ:rθ] 명형 북쪽(의)

0436 **melt**
[melt] 동 녹다, 녹이다

0437 **nose**
[nouz] 명 코

0438 **candy**
[kǽndi] 명 사탕

0439 **black**
[blæk] 형명 검은(색)

0440 **piece**
[pi:s] 명 조각; 한 개

0441 **steel**
[sti:l] 명 강철

0442 **knife**
[naif] 명 칼

0443 **crow**
[krou] 명 까마귀

0444 **hare**
[hɛər] 명 산토끼

0445 **random**
[rǽndəm] 형 임의의

0446 **down**
[daun] 부 아래로 전 ~아래쪽으로

0447 **road**
[roud] 명 길, 도로

0448 **stunt**
[stʌnt] 명 묘기, 곡예

0449 **deep**
[di:p] 형 깊은

0450 **wood**
[wud] 명 나무, 목재

0451 **tired**
[taiə:rd] 형 피곤한, 지친

0452 **blow**
[blou] 동 불다

0453 **buzz**
[bʌz] 명동 (벌이) 윙윙거리다

0454 **tray**
[trei] 명 쟁반

0455 **foolish**
[fú:liʃ] 형 바보 같은, 멍청한

0456 **trust**
[trʌst] 동 신뢰하다, 믿다

throw ______ away
쓰레기를 내버리다

a ______ sample
무작위 견본

______ a person with a handshake 악수로 사람을 맞이하다

put a bag ______
가방을 내려놓다

a ______ wind
북풍

a car on the ______
도로 위의 차

______ iron
철을 녹이다

a ______ pilot
곡예 비행사

a long ______
긴 코

a ______ pond
깊은 연못

cotton ______
솜사탕

cut ______
나무를 자르다

a ______ suit
검은색 정장

be ______ of hearing
듣는 데 지치다

a ______ of bread
빵 한 조각

______ out a candle
촛불을 끄다

a ______ helmet
철모

mosquitoes ______
모기가 윙윙거리다

a sharp ______
예리한 칼

a glass ______
유리 쟁반

a flock of ______s
까마귀 떼

a ______ boy
어리석은 소년

go on a ______ hunt
토끼 사냥가다

______ her
그녀를 믿다

I saw a lot of **trash** on the riverside.

They **greeted** me with a smile.

The English Channel lies between the **North** Sea and the Atlantic.

Ice **melts** into water.

We smell with our **nose**.

My kids love these **candy** bars.

The blue pencil is longer than the **black** pencil.

I need a **piece** of chalk.

This factory produces **steel**.

We cut the cake with a **knife**.

His feet are as black as a **crow**.

Many **hares** turn white in winter.

He made a **random** collection of old stamps.

The car is going **down** the hill.

There are many cars on the **road**.

You can see a **stunt** man in the largest picture.

The lake is twenty meters **deep**.

The box is made of **wood**.

I am very **tired**.

The wind **blew** dry and cold.

The fly **buzzed** around.

The **trays** are stacked on the counter.

It is **foolish** to play in the rain.

I can't **trust** him.

➡ 강가에서 많은 쓰레기를 보았다.

➡ 그들은 미소로써 나를 환영했다.

➡ 영국 해협은 북해와 대서양 사이에 있다.

➡ 얼음은 녹아서 물이 된다.

➡ 우리는 코로 냄새를 맡는다.

➡ 우리 애들은 이 캔디바를 너무 좋아한다.

➡ 파란 연필이 검은 연필보다 더 길다.

➡ 나는 분필 한 자루가 필요하다.

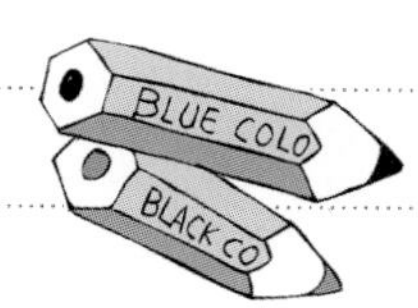

➡ 이 공장은 강철을 생산한다.

➡ 우리는 칼로 케이크를 잘랐다.

➡ 그의 발은 까마귀처럼 새까맣다.

➡ 많은 산토끼들이 겨울에는 하얗게 변한다.

➡ 그는 옛날 우표를 닥치는 대로 수집했다.

➡ 그 차는 언덕을 내려가고 있다.

➡ 도로에는 많은 차들이 있다.

➡ 가장 큰 사진에서 스턴트맨을 볼 수 있다.

➡ 그 호수는 깊이가 20미터이다.

➡ 그 상자는 나무로 만들어졌다.

➡ 나는 몹시 피곤하다.

➡ 건조하고 차가운 바람이 불었다.

➡ 파리가 윙윙거리며 돌아다녔다.

➡ 쟁반들이 카운터에 쌓여 있다.

➡ 빗속에서 노는 것은 바보 같은 짓이다.

➡ 나는 그를 신뢰할 수 없다.

Part 2

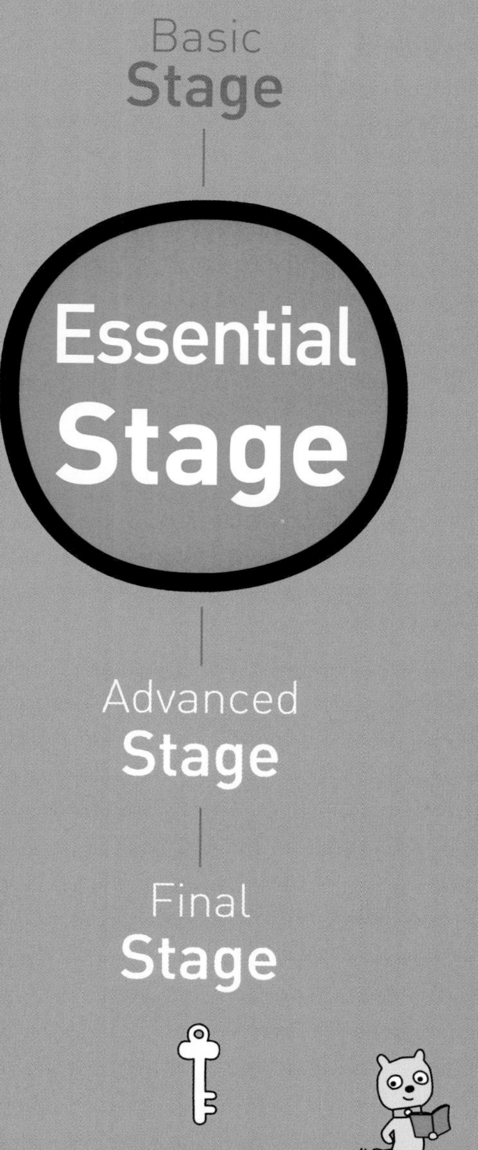

중2–3학년생이면 누구나 꼭 알아야 할 단어이므로 이것만 모두 암기하면 영어에 대한 두려움이 사라질 것입니다.

0457 **shell**
[ʃel] 명 조가비; (달걀·조개 등의) 껍질

0458 **sniff**
[snif] 동 코를 킁킁거리다

0459 **trait**
[treit] 명 특색, 특성

0460 **mere**
[miər] 형 단순한; 단지

0461 **rude**
[ru:d] 형 무례한, 버릇없는

0462 **nor**
[nɔ:r] 접 (neither A nor B) A도 B도 아니다

0463 **flea**
[fli:] 명 벼룩

0464 **trick**
[trik] 명 묘기; 장난, 속임수

0465 **alive**
[əláiv] 형 살아 있는; 생생한

0466 **lucky**
[lʌ́ki] 형 행운의

0467 **lawn**
[lɔ:n] 명 잔디

0468 **spit**
[spit] 동 뱉다; 토하다 명 침

0469 **topic**
[tápik] 명 화제

0470 **shed**
[ʃed] 동 뿌리다, (눈물·피 등을) 흘리다

0471 **brief**
[bri:f] 형 짧은, 간단한

0472 **pack**
[pæk] 명 꾸러미, 짐 동 꾸리다

0473 **horn**
[hɔ:rn] 명 (소·양 등의) 뿔; 경적

0474 **high**
[hai] 형 높은

0475 **glory**
[glɔ́:ri] 명 영광; 명예

0476 **layer**
[léiər] 명 층

0477 **paper**
[péipər] 명 종이; 신문

0478 **press**
[pres] 동 누르다; 다리다

0479 **order**
[ɔ́:rdər] 동 명령하다; 주문하다

0480 **copy**
[kápi] 동 베끼다, 복사하다

an oyster ______
굴 **껍데기**

______ the sea air
바다 공기를 **들이마시다**

a family ______
가족의 **특징**

a ______ 2% of the budget
예산의 **겨우** 2퍼센트

a ______ manner
무례한 태도

neither read ______ write
읽지**도** 쓰지**도 못하다**

______s bite
벼룩이 물다

a card ______
카드 **속임수**

catch an animal ______
동물을 **산 채로** 잡다

a ______ day
길일

mow the ______
잔디를 베어내다

______ blood
피를 **토하다**

current ______s
요즘의 **화제**

______ sweat
땀을 **흘리다**

a ______ skirt
짧은 치마

______ up clothes
옷가지를 **꾸리다**

an automobile ______
자동차 **경적**

a ______ price
고가

______ won on the field of battle 전장에서 얻은 **영광**

a thin ______
얇은 **층**

a ______ cup
종이컵

______ a button
버튼을 **누르다**

______ him to go out
그에게 나가라고 **명령하다**

______ the book
책을 **베끼다**

He's picking up **shells** on the beach.

The dog **sniffed** at the stranger.

Generosity is one of her most pleasing **traits**.

It was a **mere** coincidence.

He is a **rude** fellow.

It is neither too cold **nor** too hot.

The cat has **fleas**.

We were very amused with his **tricks**.

He is still **alive**.

You were **lucky** that you met him then.

We hired a man to mow the **lawn**.

You should not **spit** on the street.

She is interested in current **topics**.

The girl **shed** tears.

His answer was **brief**.

I **packed** my luggage.

Bulls have a pair of **horns**.

The fence is very **high**.

She got all the **glory**.

The ozone **layer** is being destroyed.

He drew pictures on a piece of **paper**.

It's very hard to **press** this shirt.

I **ordered** two cups of coffee.

He **copied** the book from beginning to end.

➡ 그는 바닷가에서 조개껍질을 줍고 있다.

➡ 개는 낯선 사람의 냄새를 킁킁대며 맡았다.

➡ 관대함은 가장 호감이 가는 그녀의 특성 가운데 하나이다.

➡ 그것은 단순한 우연의 일치였다.

➡ 그는 예의를 모른다.

➡ 너무 춥지도 너무 덥지도 않다.

➡ 그 고양이는 벼룩이 있다.

➡ 우리는 그의 묘기로 즐거웠다.

➡ 그는 아직도 살아 있다.

➡ 그때 그를 만났다니 너는 운이 좋았다.

➡ 우리는 잔디 깎는 사람을 고용했다.

➡ 길에 침을 뱉으면 안 된다.

➡ 그녀는 시사 문제에 관심이 있다.

➡ 소녀는 눈물을 흘렸다.

➡ 그의 대답은 간결했다.

➡ 나는 짐을 꾸렸다.

➡ 수소에게는 한 쌍의 뿔이 있다.

➡ 그 담은 아주 높다.

➡ 그녀는 모든 명예를 얻었다.

➡ 오존층이 파괴되고 있다.

➡ 그는 종이 한 장에 그림을 그렸다.

➡ 이 셔츠 다리기는 정말 힘들다.

➡ 나는 커피 두 잔을 주문했다.

➡ 그는 그 책을 처음부터 끝까지 베꼈다.

0481 **carry** [kǽri] 동 나르다, 갖고 다니다

0482 **enter** [éntər] 동 들어가다; 입학하다

0483 **proud** [praud] 형 자랑으로 여기는

0484 **lean** [liːn] 동 기대다; 의지하다

0485 **hand** [hænd] 명 손

0486 **smell** [smel] 동 냄새가 나다; 냄새를 맡다

0487 **touch** [tʌtʃ] 동 손대다 명 접촉

0488 **style** [stail] 명 스타일; 양식

0489 **actor** [ǽktər] 명 (남자) 배우

0490 **baby** [béibi] 명 아기

0491 **river** [rívər] 명 강

0492 **young** [jʌŋ] 형 젊은, 어린

0493 **angry** [ǽŋgri] 형 화가 난

0494 **usual** [júːʒuəl] 형 평소의, 보통의

0495 **upset** [ʌpsét] 동 뒤엎다

0496 **guide** [gaid] 동 안내하다

0497 **stand** [stænd] 동 서다, 서 있다

0498 **nearly** [níərli] 부 거의, 대략

0499 **quick** [kwik] 형 빠른

0500 **cheer** [tʃíər] 동 기운을 돋우다

0501 **blind** [blaind] 형 눈먼

0502 **poem** [póuəm] 명 (한 편의) 시

0503 **ready** [rédi] 형 준비가 된

0504 **cloud** [klaud] 명 구름

_____ a box
상자를 **나르다**

_____ the room
방으로 **들어가다**

be _____ of one's voice
목소리를 **자랑으로 여기다**

_____ against a wall
벽에 **기대다**

make by _____
손으로 만들다

_____ sweet
달콤한 **냄새가 나다**

a gentle _____
가벼운 **접촉**

his writing _____
그의 문**체**

a film _____
영화**배우**

take care of a _____
아기를 돌보다

swim across a _____
강을 헤엄쳐 건너다

a _____ gentleman
젊은 신사

be _____ with me
나에게 **화가 나 있다**

at the _____ time
평소 시간에

_____ a boat
보트를 **전복시키다**

_____ to his house
그의 집으로 **안내하다**

_____ still
가만히 **서 있다**

_____ empty
거의 텅 빈

a _____ movement
빠른 동작

_____ my team
우리 팀을 **응원하다**

_____ in the right eye
오른쪽 눈이 **보이지 않는**

write a _____
시를 쓰다

be _____ to go to school
학교에 갈 **준비가 되어** 있다

a white _____
하얀 **구름**

I **carry** my books in my school bag.

We **entered** the house through the front door.

She is **proud** of her son.

We **lean** on our parents when we are children.

We have two **hands**.

We **smell** with our noses.

I was greatly **touched** by his story.

He often varies his hair **style**.

My favorite **actor** appears in the movie.

A **baby** cried until its mother came back.

This **river** is the longest in Korea.

He looks **young**.

Mother was **angry** with me.

This is the **usual** place we meet.

Don't **upset** the glass.

His dog will **guide** you to his house.

He was **standing** by the gate.

The new house is **nearly** finished.

He is **quick** to understand.

I **cheered** our team.

After her illness she became **blind**.

Shakespeare wrote many famous **poems**.

Are you **ready**?

I see a big **cloud** in the sky.

➡ 나는 책들을 책가방에 갖고 다닌다.

➡ 우리는 정문을 통해 그 집에 들어갔다.

➡ 그녀는 아들을 자랑으로 여긴다.

➡ 우리는 어릴 때 부모님께 의지한다.

➡ 우리는 손이 둘 있다.

➡ 우리들은 코로 냄새를 맡는다.

➡ 나는 그의 이야기를 듣고 크게 감동했다.

➡ 그는 머리 스타일을 자주 바꾼다.

➡ 내가 제일 좋아하는 배우가 그 영화에 출연한다.

➡ 한 아기가 엄마가 올 때까지 울었다.

➡ 이 강은 한국에서 가장 긴 강이다.

➡ 그는 젊어 보인다.

➡ 어머니는 나에게 화가 나 있었다.

➡ 이곳이 평소 우리들이 만나는 장소이다.

➡ 유리잔을 엎지르지 마라.

➡ 그의 개는 당신을 그의 집으로 안내할 것이다.

➡ 그는 문 옆에 서 있었다.

➡ 새 집이 거의 완성되었다.

➡ 그는 이해가 빠르다.

➡ 나는 우리 팀을 응원했다.

➡ 병을 앓고 난 후 그녀는 눈이 멀었다.

➡ 셰익스피어는 유명한 시를 많이 썼다.

➡ 준비되었니?

➡ 하늘에 커다란 구름이 있다.

0505 **group**
[gru:p] 명 무리, 모임, 단체

0506 **horse**
[hɔ:rs] 명 말

0507 **fresh**
[freʃ] 형 신선한

0508 **paint**
[peint] 동 칠하다; 그리다

0509 **novel**
[návl] 명 소설

0510 **artist**
[á:rtist] 명 예술가, 화가

0511 **queen**
[kwi:n] 명 여왕, 왕비

0512 **detail**
[dí:teil] 명 세부; 항목

0513 **mean**
[mi:n] 동 ~을 의미하다

0514 **afraid**
[əfréid] 형 두려워하여, 두려운

0515 **cheap**
[tʃi:p] 형 값싼

0516 **score**
[skɔ:r] 명 득점; 점수

0517 **bottle**
[bátl] 명 병

0518 **turtle**
[tə́:rtl] 명 거북

0519 **whale**
[hweil] 명 고래

0520 **shore**
[ʃɔ:r] 명 물가, 해안

0521 **blond**
[bland] 형 금발의

0522 **curve**
[kə:rv] 명 곡선

0523 **strike**
[straik] 명 치다; 부딪치다

0524 **crowd**
[kraud] 동 군중, 다수

0525 **saint**
[seint] 명 성인

0526 **strong**
[strɔŋ] 형 강한

0527 **below**
[bilóu] 전 ~의 아래에

0528 **shine**
[ʃain] 동 비치다, 빛나다

a ______ tour
단체 여행

a ______ of milk
우유 한 병

ride a ______
말을 타다

a land ______
육지 거북

a ______ vegetable
신선한 야채

a white ______
흰 고래

______ a wall
벽을 칠하다

a vacation at the ______
해안에서의 휴가

read a ______
소설을 읽다

short ______ hair
짧은 금발 머리

a world-famous ______
세계적으로 유명한 화가

a ______ on a graph
그래프의 곡선

a beautiful ______
아름다운 여왕

______ a child
아이를 때리다

examine in ______
상세히 조사하다

a large ______
많은 군중

______ nothing
아무 의미도 없다

the gospel of ______ John
성 요한의 복음서

be very ______ of snakes
뱀을 몹시 무서워하다

______ evidence
강력한 증거

a ______ dress
싼 옷

fall ______ zero
0도 이하로 떨어지다

the average ______
평균점

______ at night
밤에 빛나다

A **group** of children were playing in the garden.

The sea **horse** is a very small marine animal.

The fruits are **fresh**.

The boy **painted** his mother in a sofa.

I am reading a fantasy **novel**.

An **artist** draws pictures well.

The wife of a king is called a **queen**.

The artist has painted everything in great **detail**.

What do you **mean** by this word?

Don't be **afraid** of my dog.

Cheap cars are sold here.

The **score** is 10 to 7.

There is an empty **bottle** in the kitchen.

I have kept two **turtles** for one year.

Whales are mammals.

People are sitting by the **shore**.

She envies my **blond** hair.

The girl drew a **curve** on the paper.

Tom **struck** the ball with the bat.

There were big **crowds** of people in the theater.

He lives as a **saint**.

An onion has a **strong** taste and smell.

Hang this picture **below** the other.

The sun is **shining** bright.

➡ 한 무리의 어린이들이 뜰에서 놀고 있었다.

➡ 해마는 아주 작은 바다 동물이다.

➡ 그 과일들은 신선하다.

➡ 그 소년은 소파에 앉아계신 어머니를 그렸다.

➡ 난 판타지 소설을 읽고 있다.

➡ 화가는 그림을 잘 그린다.

➡ 왕의 부인은 왕비라고 불린다.

➡ 화가는 아주 세밀하게 모든 것을 그렸다.

➡ 이 말은 무슨 뜻입니까?

➡ 내 개를 무서워하지 마라.

➡ 여기서 싼 차를 팔고 있다.

➡ 점수는 10대 7이다.

➡ 부엌에는 빈 병이 있다.

➡ 나는 거북 두 마리를 1년 동안 길러 왔다.

➡ 고래는 포유동물이다.

➡ 사람들이 바닷가에 앉아 있다.

➡ 그녀는 내 금발을 부러워한다.

➡ 소녀는 종이에 곡선을 그렸다.

➡ 톰은 배트로 공을 쳤다.

➡ 극장 안은 많은 군중으로 가득 차 있었다.

➡ 그는 성인의 생활을 하고 있다.

➡ 양파는 맛과 냄새가 강하다.

➡ 이 그림을 다른 그림 아래 걸어라.

➡ 해가 밝게 빛나고 있다.

0529 **bean**
[bi:n] 명 콩

0530 **dream**
[dri:m] 명 꿈

0531 **sugar**
[ʃúgər] 명 설탕

0532 **wash**
[waʃ] 동 씻다; 빨래하다

0533 **plane**
[plein] 명 비행기

0534 **train**
[trein] 명 기차, 열차

0535 **dice**
[dais] 명 주사위

0536 **story**
[stɔ́:ri] 명 이야기, 소설

0537 **store**
[stɔ:r] 명 가게, 상점

0538 **worm**
[wə:rm] 명 벌레

0539 **place**
[pleis] 명 장소

0540 **play**
[plei] 동 놀다; 연주하다

0541 **habit**
[hǽbit] 명 습관, 버릇

0542 **either**
[í:ðər] 접 (either A or B) A 또는 B 중 하나

0543 **mouth**
[mauθ] 명 입

0544 **during**
[dúəriŋ] 전 ~하는 동안에

0545 **simple**
[símpl] 형 간단한; 검소한

0546 **forget**
[fərgét] 동 잊다

0547 **tortoise**
[tɔ́:rtəs] 동 (육지) 거북

0548 **along**
[əlɔ́:ŋ] 전 ~을 따라서

0549 **notice**
[nóutis] 동 주의하다, 알아차리다

0550 **silent**
[sáilənt] 형 조용한, 침묵의

0551 **peace**
[pi:s] 명 평화

0552 **spicy**
[spáisi] 형 양념을 넣은, 매콤한

kidney ____ s
강낭콩

break a bad ____
나쁜 습관을 고치다

a wonderful ____
멋진 꿈

____ you or me
너나 나나 둘 중 하나

a ____ cube
각설탕

a pretty ____
예쁜 입

____ one's face
얼굴을 씻다

____ the summer vacation 여름방학 중에

a passenger ____
여객기

a very ____ problem
아주 간단한 문제

an express ____
급행열차

____ a name
이름을 잊어버리다

play ____
주사위 놀이를 하다

a ____ shell
거북등

tell a ____
이야기를 하다

walk ____ the street
길을 따라 걷다

open a ____
상점을 열다

____ a mistake
잘못을 알아차리다

birds looking for ____ s
벌레를 찾는 새들

a ____ forest
조용한 숲

a ____ of meeting
모이는 장소

love ____
평화를 사랑하다

____ in the room
방에서 놀다

a ____ salad dressing
매콤한 샐러드드레싱

The farmer planted **beans**.

He awoke from a **dream**.

Pass me the **sugar**, please.

I **wash** my face and go to school.

What time do we board the **plane**?

They missed the **train**.

He lost a fortune at **dice**.

He told me an interesting **story**.

He bought apples at the fruit **store**.

The early bird catches the **worm**.

We are looking for a good **place** to camp.

He **plays** the violin very well.

It is a good **habit** to get up early.

Can you speak **either** English or French?

Open your **mouth** wide.

Do your homework **during** the holidays.

He is living a **simple** life.

I cannot **forget** it.

A **tortoise** is too slow and lazy.

There are trees **along** this road.

I **noticed** a man sitting by me.

You must keep **silent**.

We want **peace**, not war.

Do you like **spicy** food?

➡ 그 농부는 콩을 심었다.

➡ 그는 꿈에서 깨었다.

➡ 설탕 좀 건네주세요.

➡ 나는 세수를 하고 학교에 간다.

➡ 비행기 탑승은 몇 시에 시작합니까?

➡ 그들은 그 기차를 놓쳤다.

➡ 그는 주사위 노름으로 큰 돈을 잃었다.

➡ 그는 내게 재미있는 이야기를 해주었다.

➡ 그는 과일 가게에서 사과를 샀다.

➡ 일찍 일어나는 새가 벌레를 잡는다.

➡ 우리는 야영하기에 좋은 장소를 찾고 있다.

➡ 그는 바이올린을 매우 잘 연주한다.

➡ 일찍 일어나는 것은 좋은 습관이다.

➡ 너는 영어나 프랑스어를 할 줄 아니?

➡ 입을 크게 벌려라.

➡ 휴가 동안에 숙제를 해라.

➡ 그는 검소한 생활을 하고 있다.

➡ 나는 그것을 잊을 수 없다.

➡ 거북이는 너무 느리고 게으르다.

➡ 이 길을 따라 나무들이 있다.

➡ 나는 내 옆에 앉아 있는 사람을 알아차렸다.

➡ 너희들은 잠자코 있어야 한다.

➡ 우리들은 전쟁이 아니라 평화를 원한다.

➡ 당신은 매콤한 음식을 좋아하세요?

0553 **invite**
[inváit] 동 초대하다

0554 **court**
[kɔːrt] 명 법정; (테니스 등의) 코트

0555 **cash**
[kæʃ] 명 현금

0556 **aisle**
[ail] 명 통로; 복도

0557 **travel**
[trǽvəl] 명동 여행(하다)

0558 **hurry**
[hə́ːri] 동 서두르다

0559 **sweet**
[swiːt] 형 달콤한

0560 **relax**
[rilǽks] 동 늦추다; 쉬다

0561 **merit**
[mérit] 명 장점

0562 **noise**
[nɔiz] 명 소리; 소음

0563 **repair**
[ripέər] 명동 수선(하다)

0564 **entry**
[éntri] 명 들어감, 입장

0565 **rapid**
[rǽpid] 형 빠른

0566 **glass**
[glæs] 명 유리(잔)

0567 **level**
[lévəl] 명 표준, 레벨

0568 **slave**
[sleiv] 명 노예

0569 **voice**
[vɔis] 명 목소리

0570 **chain**
[tʃein] 명 사슬; 연속

0571 **myth**
[miθ] 명 신화

0572 **kneel**
[niːl] 동 무릎을 꿇다

0573 **roam**
[roum] 동 돌아다니다

0574 **bark**
[baːrk] 동 짖다

0575 **peer**
[piər] 명 동료

0576 **carve**
[kaːrv] 동 새기다

_____ to dinner
저녁식사에 **초대하다**

appear in _____
법원에 출두하다

pay in _____
현금으로 지불하다

an _____ seat
통로측의 좌석

_____ the world
세계를 **여행하다**

_____ home
집에 **서둘러 가다**

a _____ cake
단 과자

_____ at home
집에서 **쉬다**

_____s and demerits
장점과 단점

a loud _____
큰 **소리**[소음]

_____ a motor
모터를 **수리하다**

an _____ visa
입국 비자

_____ growth
빠른 성장

a _____ of water
물 한 **잔**

a _____ road
평탄한 도로

work like a _____
노예처럼 일하다

a lovely _____
사랑스런 **목소리**

keep a dog on a _____
개를 **사슬**에 묶어 놓다

ancient Greek _____s
고대 그리스 **신화**

_____ to pray
무릎을 **꿇고** 기도하다

_____ about the world
세계를 **방황하다**

_____ at a stranger
낯선 사람을 보고 **짖다**

_____s at work
직장 **동료**들

_____ wood
나무를 **조각하다**

She **invited** her friends to the party.

Citizens are coordinates in a **court** of law.

I have no **cash** at hand.

The woman is sitting in the **aisle**.

She has returned from her **travels**.

Hurry up, or you will be late.

She likes **sweet** tea.

I tried to stay **relaxed**.

His chief **merit** is kindness.

There's so much **noise** in here.

They are **repairing** the roof now.

No **entry**.

He is a **rapid** speaker.

The window is made of **glass**.

The **level** of our lessons is rather high.

Lincoln set the **slaves** free.

She sings in a sweet **voice**.

He is a **chain** smoker.

He studies ancient Greek **myths**.

He **kneels** down in prayer in the church.

He **roamed** from town to town.

The dog **barked** every night.

I have many **peers** to help me.

He **carved** a statue out of wood.

➡ 그녀는 친구들을 파티에 초대했다.

➡ 시민은 법정에서 모두 평등하다.

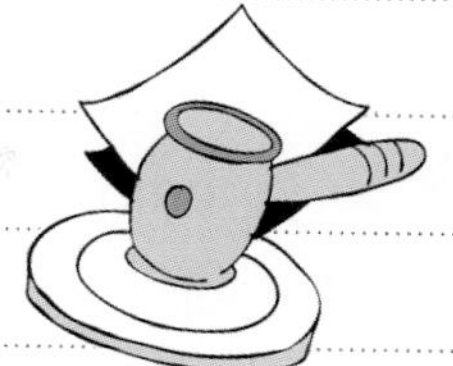

➡ 나는 수중에 현금이 없다.

➡ 여자가 복도에 앉아 있다.

➡ 그녀는 여행에서 돌아왔다.

➡ 서둘러라, 그렇지 않으면 늦을 것이다.

➡ 그녀는 달콤한 차를 좋아한다.

➡ 나는 긴장을 풀려고 노력했다.

➡ 그의 주된 장점은 친절이다.

➡ 여기는 너무 시끄럽다.

➡ 그들은 지금 지붕을 고치고 있다.

➡ 출입 금지.

➡ 그는 말을 빨리 한다.

➡ 그 창문은 유리로 만들어졌다.

➡ 우리들의 수업 수준은 약간 높은 편이다.

➡ 링컨은 노예를 해방했다.

➡ 그녀는 아름다운 목소리로 노래한다.

➡ 그는 연거푸 담배를 피운다.

➡ 그는 고대 그리스 신화를 연구한다.

➡ 그는 교회에서 무릎을 꿇고 기도한다.

➡ 그는 이 마을 저 마을을 돌아 다녔다.

➡ 그 개는 밤마다 짖었다.

➡ 나는 나를 도와줄 동료가 많다.

➡ 그는 나무로 조각상을 새겼다.

0577 **base**
[beis] 명 기초; 토대

0578 **cope**
[koup] 동 대처하다

0579 **plow**
[plau] 명 쟁기 동 갈다

0580 **huge**
[hjuːʤ] 형 거대한

0581 **oven**
[ʌ́vən] 명 오븐

0582 **army**
[áːrmi] 명 군대; 육군

0583 **offer**
[ɔ́ːfər] 동 제공하다

0584 **count**
[kaunt] 동 세다

0585 **penny**
[péni] 명 페니; 푼(돈)

0586 **merry**
[méri] 형 즐거운

0587 **worth**
[wəːrθ] 형 ~의 가치가 있는

0588 **good**
[gud] 형 좋은

0589 **heavy**
[hévi] 형 무거운

0590 **cross**
[krɔːs] 동 가로지르다

0591 **raise**
[reiz] 동 올리다; 기르다

0592 **smile**
[smail] 동 미소 짓다 명 미소

0593 **sight**
[sait] 명 시력; 경치

0594 **hungry**
[hʌ́ŋgri] 형 배고픈

0595 **false**
[fɔːls] 형 그릇된; 거짓의; 가짜의

0596 **climb**
[klaim] 동 오르다

0597 **share**
[ʃɛəːr] 동 나눠 갖다

0598 **spray**
[sprei] 명 스프레이 동 뿌리다

0599 **earth**
[əːrθ] 명 지구; 땅

0600 **quart**
[kwɔːrt] 명 쿼트 <액량의 단위>

a solid ______
탄탄한 **기초**

a ______ bag
무거운 가방

______ with a difficulty
곤란에 **대처하다**

______ the street
길을 **건너다**

______ a field
밭을 **갈다**

______ one's voice
목소리를 **높이다**

a ______ man
거인

______ at a baby
아이에게 **미소 짓다**

an electric ______
전기 **오븐**

have good ______
시력이 좋다

join the ______
군에 입대하다

be ______ all day
하루 종일 **배고프다**

______ her a job
그녀에게 일자리를 **제공하다**

a ______ coin
가짜 동전

______ up to ten
10까지 **세다**

______ a mountain
산을 **오르다**

a lucky ______
행운의 **동전**

______ the candy
사탕을 **나눠 갖다**

a ______ voice
즐거운 목소리

put ______ on one's hair
머리에 **스프레이**를 뿌리다

be ______ two dollars
2달러의 **가치가 있다**

live on the ______
지구에 살다

______ weather
좋은 날씨

a ______ of milk
우유 1**쿼트**

The **base** of the statue is cement.

They could not **cope** with the enemy.

The ox pulled the **plow** through the field.

The mountain is full of **huge** rocks.

The pie is fresh from the **oven**.

Three people died from **army** gunshot.

They **offered** to compromise.

This little girl can **count** from one to fifty.

A **penny** saved is a penny earned.

I wish you a **merry** Christmas!

It was **worth** while to read the book.

It is not **good** to overuse computers.

The big table is very **heavy**.

Be careful when you **cross** the street.

Raise your right hand when you understand.

She is always **smiling**.

What a beautiful **sight** it is!

A baby cries when he is **hungry**.

The rumor turned out to be **false**.

He has **climbed** the Alps.

Tom **shared** the candy with his brother.

She **sprayed** yellow paint on the fence.

The **earth** moves round the sun.

This bottle holds a **quart**.

➡ 그 조각상의 토대는 시멘트이다.

➡ 그들은 적을 감당해 내지 못했다.

➡ 그 황소는 쟁기를 끌어 밭을 갈았다.

➡ 그 산에는 큰 바위들이 많다.

➡ 그 파이는 오븐에서 갓 구운 것이다.

➡ 군의 사격으로 세 사람이 사망했다.

➡ 그들은 타협을 제안했다.

➡ 이 소녀는 1에서 50까지 셀 수 있다.

➡ 한 푼을 절약하면 한 푼을 번다.

➡ 즐거운 크리스마스가 되시길 바랍니다!

➡ 그 책은 읽을 가치가 있는 책이었다.

➡ 컴퓨터를 너무 많이 쓰는 것은 좋지 않다.

➡ 그 큰 탁자는 매우 무겁다.

➡ 길을 건널 때는 조심해라.

➡ 알겠으면 오른손을 드세요.

➡ 그녀는 항상 미소를 짓고 있다.

➡ 얼마나 아름다운 경치냐!

➡ 배가 고프면 아기는 운다.

➡ 그 소문은 거짓으로 판명되었다.

➡ 그는 알프스 산에 오른 적이 있다.

➡ 탐은 동생과 그 사탕을 나누어 가졌다.

➡ 그녀는 노란색 페인트를 담에 뿌렸다.

➡ 지구는 태양 둘레를 돈다.

➡ 이 병에는 1쿼트가 들어간다.

0601 **sharp**
[ʃaːrp] 형 날카로운; 격렬한

0602 **finger**
[fíŋgər] 명 손가락

0603 **until**
[əntíl] 전 ~까지

0604 **drain**
[drein] 동 배수하다

0605 **rinse**
[rins] 동 헹구다

0606 **motto**
[mátou] 명 좌우명; 표어

0607 **Asia**
[éiʒə] 명 아시아

0608 **reach**
[riːtʃ] 동 도착하다

0609 **scene**
[siːn] 명 장면

0610 **scare**
[skɛər] 동 놀라게 하다

0611 **sheet**
[ʃiːt] 명 시트; (종이 등) 한 장

0612 **eager**
[íːgər] 형 열망하는, 열심인

0613 **leader**
[líːdər] 명 지도자

0614 **funny**
[fʌ́ni] 형 우스운, 재미있는

0615 **matter**
[mǽtər] 명 일; 문제

0616 **laugh**
[læf] 동 (소리를 내어) 웃다

0617 **begin**
[bigín] 동 시작하다

0618 **serve**
[səːrv] 동 ~을 섬기다, 제공하다

0619 **street**
[striːt] 명 거리

0620 **waste**
[weist] 동 낭비하다

0621 **needy**
[níːdi] 형 가난한

0622 **steak**
[steik] 명 스테이크

0623 **shake**
[ʃeik] 동 흔들다

0624 **brush**
[brʌʃ] 명 솔, 붓 동 닦다

_____ eyes
예리한 눈

the _____ of the group
그룹의 리더

long _____s
긴 손가락

a _____ story
우스운 이야기

_____ noon
정오까지

a little _____
사소한 문제

a well-_____ed city
배수 시설이 잘된 도시

_____ heartily
실컷 웃다

_____ one's mouth with water 물로 입을 헹구다

_____ a test
테스트를 시작하다

a school _____
교훈

_____ lunch
점심을 제공하다

the peoples of _____
아시아의 여러 국민들

march along the _____
시가행진을 하다

_____ Seoul Station
서울역에 도착하다

_____ time
시간을 낭비하다

a beautiful _____
아름다운 경치

help the poor and _____
가난하고 궁핍한 사람들을 돕다

_____ to death
엄청 겁 주다

grill a _____
스테이크를 굽다

a _____ of paper
종이 한 장

_____ a bottle
병을 흔들다

an _____ student
열심히 공부하는 학생

paint with a _____
붓으로 페인트를 칠하다

This knife is **sharp**.

Mary wears a ring on her **finger**.

Wait here **until** I come back.

They **drained** the water out of the basement.

Rinse the pasta with boiling water.

"Think before you speak" is a good **motto**.

Korea is one of the countries in **Asia**.

He **reached** out his hand for the ball.

The star appeared on the **scene**.

You **scared** me.

She changed the **sheets** on the bed.

I am **eager** to meet him and talk to him.

He is the **leader** of the party.

This is a **funny** story.

This is an important **matter**.

They **laughed** merrily.

School **begins** at nine o'clock.

He **served** his master for many years.

They walked along the **street**.

You had better not **waste** your money on foolish things.

The Samuelsons are a **needy** family.

How would you like your **steak**?

If you **shake** the tree, the fruits will fall.

I **brush** my teeth three times a day.

➡ 이 칼은 날카롭다.

➡ 메리는 손가락에 반지를 끼고 있다.

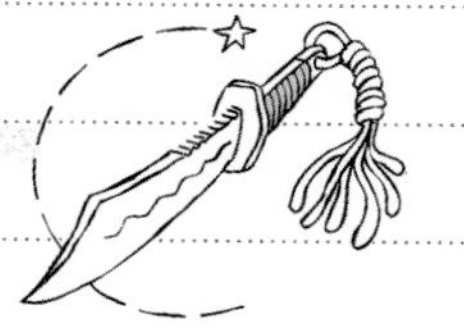

➡ 내가 돌아올 때까지 여기서 기다려라.

➡ 그들은 지하실에서 물을 빼냈다.

➡ 파스타를 끓는 물에 헹구십시오.

➡ "말하기 전에 생각부터 하라"는 훌륭한 좌우명이다.

➡ 한국은 아시아에 있는 국가 중 하나이다.

➡ 그는 그 공을 잡으려고 손을 쭉 뻗었다.

➡ 배우가 그 장면에 나왔다.

➡ 너 때문에 놀랐잖아.

➡ 그녀는 침대의 시트를 갈았다.

➡ 나는 그를 만나고 대화하기를 간절히 원한다.

➡ 그는 그 정당의 지도자이다.

➡ 이것은 재미있는 이야기이다.

➡ 이것은 중요한 문제이다.

➡ 그들은 즐겁게 웃었다.

➡ 학교는 9시에 시작한다.

➡ 그는 오랫동안 주인을 섬겼다.

➡ 그들은 거리를 따라 걸었다.

➡ 어리석은 일에 돈을 낭비하지 않는 것이 좋다.

➡ 사뮤엘슨 집은 매우 가난하다.

➡ 스테이크는 어떻게 해드릴까요?

➡ 네가 나무를 흔들면, 과일이 떨어질 것이다.

➡ 나는 하루에 세 번 이를 닦는다.

0625 **quack**
[kwæk] (명)(동) 꽥꽥 (울다) <집오리>

0626 **spoil**
[spɔil] (동) 망치다; 상하다

0627 **coach**
[koutʃ] (명) 마차; 코치

0628 **whole**
[houl] (형) 모든, 전체의

0629 **series**
[síəri:z] (명) 일련, 시리즈

0630 **simply**
[símpli] (부) 간단히

0631 **baker**
[béikə*r*] (명) 빵 굽는 사람

0632 **tower**
[táuə*r*] (명) 탑, 타워

0633 **shoot**
[ʃu:t] (동) 쏘다, 사격하다

0634 **steam**
[sti:m] (명) 증기

0635 **favor**
[féivə*r*] (명) 호의 (동) 선호하다

0636 **effort**
[éfə*r*t] (명) 노력

0637 **power**
[páuə*r*] (명) 힘

0638 **route**
[ru:t] (명) 길

0639 **hatch**
[hætʃ] (동) 부화하다

0640 **mayor**
[méiə*r*] (명) 시장

0641 **worker**
[wə́:*r*kə*r*] (명) 일하는 사람

0642 **lovely**
[lʌ́vli] (형) 사랑스러운

0643 **waiter**
[wéitə*r*] (명) 웨이터

0644 **hamburger**
[hǽmbə̀:*r*gə*r*] (명) 햄버거

0645 **dancer**
[dǽnsə*r*] (명) 무용가; 댄서

0646 **shape**
[ʃeip] (명) 모양; 꼴

0647 **doubt**
[daut] (명)(동) 의심(하다)

0648 **south**
[sauθ] (명) 남쪽

ducks ______
오리가 **꽥꽥거리다**

______ eggs
계란을 **썩히다**

a swimming ______
수영 **코치**

a ______ month
꼬박 한 달

a ______ of victories
연승

live ______
간소하게 살다

an excellent ______
뛰어난 **제빵 업자**

a tall ______
높은 **탑**

______ a gun
총을 **쏘다**

a ______ engine
증기엔진

acknowledge a ______
호의에 감사하다

spare no ______s
노력을 아끼지 않다

strong ______
강한 **힘**

an air ______
항공**로**

______ an egg
달걀을 **부화하다**

run for ______ of Seoul
서울**시장** 선거에 출마하다

a hard ______
부지런한 **노동자**

a ______ face
귀염성 있는 얼굴

shout for a ______
큰소리로 **웨이터**를 부르다

grill a ______
햄버거를 굽다

a folk ______
민속 **무용가**

a round ______
둥근 **모양**

clear up ______s
의심을 풀다

a ______ gate
남쪽 문

A duck **quacks**.

The heavy rain **spoiled** the crops.

They traveled through Europe by **coach**.

I want to eat a **whole** cake.

He wrote a **series** of historical facts.

She was **simply** dressed.

The **baker** works late.

Have you ever visited the Seoul **Tower**?

The hunter **shot** at the hare with his gun.

J. Watt invented the **steam** engine.

He was in **favor** of pets.

This way will save a lot of time and **effort**.

They lost the **power** to walk.

We proceeded along the northerly **route**.

A hen **hatches** eggs.

The **mayor** took office last month.

The **workers** are resting now.

She is a **lovely** girl.

He tipped the **waiter** handsomely.

I ate a **hamburger** for lunch at school.

He wanted to be a **dancer**.

The **shape** of a ball is round.

I **doubt** whether he will succeed.

Our house faces the **south**.

➡ 오리가 꽥꽥거린다.

➡ 큰 비가 농작물을 망쳤다.

➡ 그들은 마차로 유럽을 여행했다.

➡ 케이크를 통째로 다 먹고 싶다.

➡ 그는 일련의 역사적 사실에 대해 글을 썼다.

➡ 그녀는 수수한 옷차림이었다.

➡ 그 빵장수는 늦게까지 일한다.

➡ 서울타워에 가 본 적 있니?

➡ 사냥꾼은 총으로 산토끼를 쏘았다.

➡ 와트는 증기 기관을 발명했다.

➡ 그는 애완동물에 호의적이었다.

➡ 이 방법이 많은 시간과 노력을 덜어 줄 것이다.

➡ 그들은 걸을 힘을 잃었다.

➡ 우리는 북쪽 길을 따라 나아갔다.

➡ 암탉은 달걀을 부화한다.

➡ 시장은 지난달에 취임했다.

➡ 일꾼들은 지금 쉬고 있다.

➡ 그녀는 사랑스러운 소녀이다.

➡ 그는 웨이터에게 팁을 두둑하게 주었다.

➡ 나는 학교에서 점심으로 햄버거를 먹었다.

➡ 그는 무용가가 되고 싶어 했다.

➡ 공의 모양은 둥글다.

➡ 그가 성공할지 어떨지 의심스럽다.

➡ 우리집은 남향이다.

0649 **spark**
[spa:rk] 명 불꽃

0650 **follow**
[fálou] 동 따르다

0651 **focus**
[fóukəs] 명 초점

0652 **goose**
[gu:s] 명 거위

0653 **leave**
[li:v] 동 떠나다

0654 **match**
[mætʃ] 명 성냥; 시합

0655 **lunar**
[lú:nər] 형 달의

0656 **bitter**
[bítər] 형 쓴

0657 **empty**
[émpti] 형 빈

0658 **ocean**
[óuʃən] 명 대양; 바다

0659 **secret**
[sí:krit] 명 비밀

0660 **model**
[mádl] 명 모형; 모델

0661 **grade**
[greid] 명 학년; 성적; 등급

0662 **stupid**
[stjú:pid] 형 어리석은

0663 **agree**
[əgrí:] 동 동의하다

0664 **brain**
[brein] 명 뇌

0665 **pocket**
[pákit] 명 주머니, 포켓

0666 **flock**
[flak] 명 무리

0667 **above**
[əbʌ́v] 전 ~의 위에

0668 **review**
[rivjú:] 명동 복습(하다)

0669 **screen**
[skri:n] 명 (영화) 스크린, 화면

0670 **health**
[helθ] 명 건강

0671 **safety**
[séifti] 명 안전

0672 **action**
[ǽkʃən] 명 활동, 행동

the ______ of life
생명의 **불**

a failing ______
낙제 **점수**

______ him
그를 **따라가다**

a ______ person
얼빠진 사람

a change of ______
초점의 변화

______ to his plan
그의 계획에 **동의하다**

a domestic ______
집**거위**

______ cells
뇌세포

______ home
집을 **떠나다**

a pants ______
바지 **주머니**

a box of ______es
성냥갑

a ______ of seagulls
갈매기 **떼**

the ______ world
달나라

fly ______ the clouds
구름 **위를** 날다

a ______ taste
쓴 맛

______ the lessons
수업을 **복습하다**

an ______ box
빈 상자

______ editing
화면 편집

a blue ______
파란 **바다**

mental ______
정신 **건강**

keep a ______
비밀을 지키다

traffic ______
교통**안전**

a new ______
새로운 **모델**

a kind ______
친절한 **행동**

The fire is **sparking** dangerously.

Tom's dog **follows** him to school.

Their questions **focused** on the problem.

The **goose** is chasing the goat.

My father **leaves** home at seven every morning.

We won the **match**.

That is a **lunar** rainbow.

It's a **bitter** pill.

We found an **empty** house.

We sailed the Indian **Ocean**.

He always keeps a **secret**.

He's always been my role **model**.

She is in the third **grade**.

Don't make such a **stupid** mistake again.

Jill **agreed** to Jack's proposal.

The **brain** needs a continuous supply of blood.

I have some money in my **pocket**.

People came in **flocks**.

Birds are flying **above** the trees.

Before the examination we must have a **review**.

Our television has a 33-inch **screen**.

He is in good **health**.

Put on the helmet for **safety**.

The general put his idea into **action**.

➡ 그 불에서 위험하게 불꽃이 튄다.

➡ 톰의 개가 학교에 따라간다.

➡ 그들의 질문은 그 문제에 집중했다.

➡ 거위가 염소를 쫓고 있다.

➡ 나의 아버지께서는 매일 아침 7시에 집을 떠나신다.

➡ 우리들은 그 시합에 이겼다.

➡ 저것은 달 무지개이다.

➡ 그것은 쓴 알약이다.

➡ 우리는 빈 집을 발견했다.

➡ 우리들은 인도양을 항해했다.

➡ 그는 항상 비밀을 지킨다.

➡ 그는 언제나 내 본보기가 됐다.

➡ 그녀는 3학년이다.

➡ 다시는 그런 어리석은 잘못을 저지르지 마라.

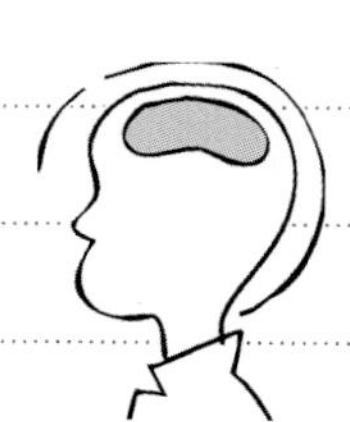

➡ 질은 잭의 제안에 동의했다.

➡ 두뇌는 계속적인 혈액 공급을 필요로 한다.

➡ 나는 주머니에 약간의 돈이 있다.

➡ 사람들이 떼를 지어 몰려왔다.

➡ 새들이 나무 위를 날고 있다.

➡ 시험 보기 전에 우리는 복습해야 한다.

➡ 우리 텔레비전은 화면이 33인치이다.

➡ 그는 건강하다.

➡ 안전을 위해 헬멧을 써라.

➡ 그 장군은 자신의 생각을 실행에 옮겼다.

0673 **design**
[dizáin] 명 디자인, 도안

0674 **digital**
[dídʒitl] 형 디지털의

0675 **future**
[fjú:tʃər] 명 미래, 장래

0676 **decide**
[disáid] 동 결정하다

0677 **whom**
[hu:m] 대 누구를

0678 **report**
[ripɔ́:rt] 동 보고하다, 알리다

0679 **honest**
[ɔ́nist] 형 정직한

0680 **record**
[rikɔ́rd] 동 기록하다; 녹음[녹화]하다

0681 **batter**
[bǽtər] 명 타자

0682 **freezer**
[frí:zər] 명 냉동고

0683 **marry**
[mǽri] 동 결혼하다

0684 **March**
[ma:rtʃ] 명 3월

0685 **floor**
[flɔ:r] 명 바닥; (집의) 층

0686 **knock**
[nak] 동 두드리다, 노크하다

0687 **paste**
[peist] 명 풀; 반죽 동 풀칠하다

0688 **blank**
[blæŋk] 형 백지의; 빈

0689 **board**
[bɔ:rd] 명 판자, 게시판

0690 **tribe**
[traib] 명 부족

0691 **fable**
[féibəl] 명 우화

0692 **thrill**
[θril] 명 스릴; 전율 동 전율케 하다

0693 **hell**
[hel] 명 지옥

0694 **steady**
[stédi] 형 꾸준한; 안정된

0695 **poet**
[póuit] 명 시인

0696 **punch**
[pʌntʃ] 명 주먹질, 펀치

unique ______
독특한 **디자인**

the ______ era
디지털 시대

a bright ______
찬란한 **장래**

______ what to do
무엇을 해야 할지 **결정하다**

______ are you waiting for?
누구를 기다리고 있습니까?

______ news
뉴스를 **보도하다**

an ______ boy
정직한 소년

______ a song on tape
노래를 테이프에 **녹음하다**

the ______'s box
타자석

a home ______
가정용 **냉동고**

______ an actress
여배우와 **결혼하다**

the ______ issue of a magazine 잡지의 **3월**호

a wooden ______
마루**바닥**

______ on the door
문을 **노크하다**

cut and ______
오려 **붙이다**

a ______ tape
공 테이프

a thin ______
얇은 **판자**

lead a ______
부족을 이끌다

Aesop's ______s
이솝**우화**

give a ______
전율케 하다

the torture of ______
지옥의 괴로움

a ______ speed
일정한 속도

a ______ and novelist
시인이자 소설가

get a ______
펀치를 얻어맞다

Do you have any other **designs**?

Last week I bought a **digital** camera.

You have to do your best for the **future**.

He **decided** to become a teacher.

Whom did you visit yesterday?

The soldier **reported** on the accident.

They are **honest** students.

He **recorded** the movie.

He is a good **batter**.

Are your fridge and **freezer** always full?

His niece got **married** last month.

In **March**, our family moved here from Seoul.

The cat is on the **floor.**

He **knocked** three times.

She mixed the flour and water to a **paste**.

This is a **blank** page.

We put a picture on the **board**.

He tried to civilize the **tribe**.

He is a **fable** writer.

The story **thrilled** us.

The war made our lives **hell**.

Their friendship was **steady**.

The **poet** gets inspiration from nature.

He gave me a **punch** in the belly.

➡ 다른 디자인이 있습니까?

➡ 지난 주 디지털 카메라를 하나 샀다.

➡ 너는 미래를 위해서 최선을 다해야 한다.

➡ 그는 교사가 되기로 결심했다.

➡ 당신은 어제 누구를 방문하였습니까?

➡ 병사는 그 사고를 보고했다.

➡ 그들은 정직한 학생들이다.

➡ 그는 그 영화를 녹화했다.

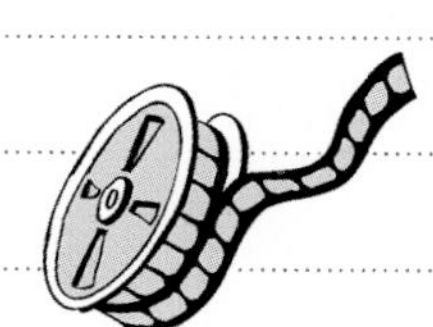

➡ 그는 강타자이다.

➡ 냉장실과 냉동실이 항상 가득 차 있습니까?

➡ 그의 조카딸은 지난달에 결혼했다.

➡ 3월에 나의 가족은 서울에서 이곳으로 이사를 왔다.

➡ 고양이가 바닥에 있다.

➡ 그는 문을 세 번 두드렸다.

➡ 그녀는 밀가루와 물을 섞어 반죽을 만들었다.

➡ 이 페이지는 백지다.

➡ 우리들은 게시판에 그림을 붙였다.

➡ 그는 그 부족을 개화하려고 애썼다.

➡ 그는 우화 작가다.

➡ 그 이야기는 우리를 감동시켰다.

➡ 전쟁은 우리 생활을 지옥으로 만들었다.

➡ 그들의 우정은 변함없었다.

➡ 그 시인은 자연으로부터 영감을 얻는다.

➡ 그는 내 배를 주먹으로 쳤다.

0697 **youth**
[ju:θ] 명 젊음; 청년

0698 **elder**
[éldər] 형 손위의

0699 **palm**
[pa:m] 명 손바닥; 야자 (나무)

0700 **metal**
[métl] 명 금속

0701 **state**
[steit] 명 상태, 국가

0702 **unite**
[ju:náit] 동 결합하다

0703 **drive**
[draiv] 동 운전하다

0704 **wheel**
[(h)wi:l] 명 바퀴; 운전대

0705 **shiny**
[ʃáini] 형 빛나는

0706 **pants**
[pænts] 명 바지

0707 **about**
[əbáut] 전 ~에 대하여

0708 **west**
[west] 명형 서쪽(의)

0709 **wrist**
[rist] 명 손목

0710 **birth**
[bə:rθ] 명 탄생; 출산

0711 **exact**
[igzǽkt] 형 정확한

0712 **scold**
[skould] 동 꾸짖다

0713 **stone**
[stoun] 명 돌

0714 **bless**
[bles] 동 축복하다

0715 **index**
[índeks] 명 색인

0716 **cradle**
[kréidl] 명 요람

0717 **tangle**
[tæŋgl] 동 엉키다 명 얽힘

0718 **awful**
[ɔ́:fəl] 형 무서운, 끔찍한

0719 **pride**
[praid] 명 자존심

0720 **prince**
[prins] 명 왕자

the ______ nowadays
요즘의 **청년들**

hold the ______
손목을 잡다

the ______ of their two children 그들의 두 아이들 중 **큰 애**

the ______ rate
출산율

read one's ______
손금을 보다

the ______ time
정확한 시간

heavy ______
중**금속**

______ a student for being late 지각했다고 학생을 **꾸짖다**

a ______ of war
전쟁 **상태**

throw a ______
돌을 던지다

______ into one
합쳐서 **하나가 되다**

______ one's child
자식의 **행복을 빌다**

______ a car
자동차를 **운전하다**

an ______ card
색인카드

the front ______
앞**바퀴**

rock a ______
요람을 흔들다

______ new cars
반짝반짝하는 새 차들

a ______ of branches
나뭇가지의 **엉킴**

wear ______
바지를 입다

an ______ accident
끔찍한 사고

know ______ her
그녀**에 대해** 알다

hurt one's ______
자존심을 상하게 하다

a ______ wind
서풍

a mighty ______
강력한 **왕자**

He was such a good-looking guy in his **youth**.

My **elder** sister lives in Canada.

He held the bird in the **palm** of his hand.

A magnet attracts **metal**.

He is in a **state** of depression.

Oil will not **unite** with water.

He **drives** a car.

The **wheel** turns around.

The table is **shiny**.

I always wear **pants** and a shirt.

This book is **about** animals.

My house faces **west**.

He held me by the **wrist** tightly.

She has been blind from **birth**.

I tried to say the **exact** word.

He **scolded** me for being late.

His house is made of **stone**.

God **bless** you!

The book has an **index**.

A baby is sleeping in the **cradle**.

Long hair **tangles** easily.

What **awful** weather!

She always takes **pride** in her work.

The **prince** rescued the princess.

➡ 그는 청년시절 정말 잘 생겼었다.

➡ 우리 언니는 캐나다에 산다.

➡ 그가 그 새를 자기 손바닥에 쥐었다.

➡ 자석은 쇠붙이를 끌어당긴다.

➡ 그는 의기소침한 상태다.

➡ 기름과 물은 혼합되지 않는다.

➡ 그는 자동차를 운전한다.

➡ 차 바퀴가 빙글빙글 돈다.

➡ 그 식탁은 빛난다.

➡ 나는 항상 바지와 셔츠를 입는다.

➡ 이 책은 동물에 대한 내용이다.

➡ 내 집은 서향이다.

➡ 그는 내 손목을 꽉 잡았다.

➡ 그녀는 날 때부터 눈이 안 보였다.

➡ 나는 정확한 단어를 말하려고 애썼다.

➡ 그는 내가 지각한 것을 꾸짖었다.

➡ 그의 집은 돌로 만들어졌다.

➡ 당신에게 신의 축복이 있기를 (빕니다)!

➡ 그 책에는 색인이 있다.

➡ 아기가 요람에서 자고 있다.

➡ 긴 머리카락은 잘 엉킨다.

➡ 끔찍한 날씨야!

➡ 그녀는 항상 자신의 일에 자부심을 갖는다.

➡ 왕자는 공주를 구했다.

0721 **script** [skript] 명 대본

0722 **fierce** [fiərs] 형 사나운; 격렬한

0723 **result** [rizʌ́lt] 명 결과

0724 **occur** [əkə́ːr] 동 일어나다; 생기다

0725 **basic** [béisik] 명형 기초(의)

0726 **extra** [ékstrə] 형 여분의, 특별한

0727 **purple** [pə́ːrpl] 명형 자줏빛(의)

0728 **freeze** [friːz] 동 얼다

0729 **origin** [ɔ́ːrədʒin] 명 기원; 태생

0730 **value** [vǽljuː] 명 가치; 가격

0731 **build** [bild] 동 짓다

0732 **point** [pɔint] 명 점, 요점 동 가리키다

0733 **dawn** [dɔːn] 명 새벽 동 날이 새다

0734 **urban** [ə́ːrbən] 형 도시의

0735 **wage** [weidʒ] 명 임금

0736 **dove** [dʌv] 명 비둘기

0737 **apart** [əpáːrt] 부 떨어져 형 떨어진

0738 **depth** [depθ] 명 깊이

0739 **solid** [sálid] 형 고체의, 견고한

0740 **string** [striŋ] 명 끈

0741 **grant** [grænt] 동 주다; 승인하다

0742 **direct** [dirékt] 동 지도하다 형 직접의

0743 **cover** [kʌ́vər] 동 덮다 명 덮개, 커버

0744 **radar** [réidaːr] 명 레이더

a film ______
영화 **대본**

a ______ tiger
맹호

the football ______s
축구 시합의 **결과**

frequently ______
빈번히 **일어나다**

the ______ rules
기본 규칙

an ______ train
임시 열차

dye ______
자줏빛으로 물들이다

______ to death
얼어 죽다

the ______s of civilization
문명의 **기원**

the ______ of money
돈의 **가치**

______ a house
집을 **짓다**

______ a finger at ~
~을 **가리키다**

before ______
날이 새기 전에

______ living
도시 생활

a ______ raise
임금 인상

a gentle ______
온순한 **비둘기**

walk ______
떨어져 걷다

the ______ of a river
강의 **깊이**

a ______ building
견고한 건물

tie with a ______
끈으로 묶다

______ permission
허가해 **주다**

a ______ descendant
직계 자손

a chair ______
의자의 **커버**

track by ______
레이더로 추적하다

Sam wrote an excellent film **script**.

Fierce fighting has continued.

I can't forecast the **result**.

A good idea **occurred** to me.

The family is the **basic** unit of society.

The carpenter asked for **extra** pay.

He painted the chair **purple**.

The river has **frozen** last night.

This word is of Latin **origin**.

The **value** of the dollar is falling.

This monument was **built** for the founder.

At that **point**, the car stopped.

In summer **dawn** breaks early.

They are experiencing the problem of **urban** poverty now.

He earns a high **wage**.

A **dove** symbolizes peace.

He took the clock **apart** to repair it.

The **depth** of this pond is about 2 feet.

They were **solid**.

He shortened the **string**.

The queen **granted** our wish.

I like her open and **direct** manner.

Don't judge a book by its **cover**.

Radar is used in many experiments.

➡ 샘은 훌륭한 영화 대본을 썼다.

➡ 격렬한 싸움이 계속되었다.

➡ 나는 결과를 예측할 수 없다.

➡ 좋은 생각이 떠올랐다.

➡ 가정은 사회의 기본 단위이다.

➡ 그 목수는 특별 수당을 요구했다.

➡ 그는 의자를 자주색으로 칠했다.

➡ 강이 어젯밤에 얼어붙었다.

➡ 이 말은 라틴어에서 나왔다.

➡ 달러의 가치가 하락하고 있다.

➡ 이 기념비는 창립자를 기념해서 세워졌다.

➡ 그 지점에서 차가 멈추었다.

➡ 여름에는 동이 일찍 튼다.

➡ 지금 그들은 대도시의 빈곤 문제를 겪고 있다.

➡ 그는 높은 급료를 받는다.

➡ 비둘기는 평화를 상징한다.

➡ 그는 시계를 고치려고 분해했다.

➡ 이 연못의 깊이는 2피트 정도이다.

➡ 그것들은 딱딱했다.

➡ 그는 줄을 짧게 했다.

➡ 여왕은 우리의 소원을 들어 주었다.

➡ 나는 그녀의 솔직 담백한 태도를 좋아한다.

➡ 표지를 보고 책을 판단하지 마라.

➡ 레이더는 많은 실험에 쓰인다.

0745 **advise**
[ædváiz] 동 충고하다

0746 **proper**
[prápər] 형 적당한

0747 **essay**
[ései] 명 수필

0748 **tease**
[ti:z] 동 괴롭히다; 놀리다

0749 **cane**
[kein] 명 지팡이

0750 **edit**
[édit] 동 편집하다

0751 **brave**
[breiv] 형 용감한

0752 **spirit**
[spírit] 명 정신; 영혼

0753 **relate**
[riléit] 동 관련되다

0754 **excite**
[iksáit] 동 흥분시키다

0755 **button**
[bʌ́tn] 명 단추

0756 **owner**
[óunər] 명 소유자, 주인

0757 **purse**
[pəːrs] 명 (여성의) 지갑

0758 **forest**
[fɔ́:rist] 명 숲

0759 **cheat**
[tʃi:t] 동 속이다

0760 **return**
[ritə́:rn] 동 돌아오다

0761 **unkind**
[ʌnkáind] 형 불친절한; 몰인정한

0762 **rather**
[rǽðər] 부 오히려; 다소

0763 **reuse**
[ri:jú:z] 동 다시 사용하다 / [ri:jú:s] 명 재사용

0764 **carton**
[ká:rtn] 명 (판지) 상자, 카턴

0765 **horror**
[hɔ́:rər] 명 공포; 혐오

0766 **regard**
[rigá:rd] 명 관심 동 ~으로 여기다

0767 **nation**
[néiʃən] 명 국가; 국민

0768 **blood**
[blʌd] 명 피

_____ strongly
강력히 **충고하다**

at the _____ time
적당한 때에

write an _____
글을 쓰다

get _____ ed
놀림받다

carry a _____
지팡이를 짚고 다니다

_____ a newspaper
신문을 **편집하다**

a _____ soldier
용감한 군인

the world of _____
정신세계

_____ the result to a cause
결과를 어떤 원인과 **관련시키다**

an _____ ing game
흥미진진한 경기

fasten a _____
단추를 채우다

a house _____
집 **주인**

a change _____
동전 **지갑**

camp in a _____
숲에서 야영하다

_____ in an examination
커닝을 하다

_____ home
집에 **돌아가다**

an _____ remark
몰인정한 말

_____ warm
좀 따뜻하다

_____ an old envelope
헌 봉투를 **다시 사용하다**

a _____ of chocolates
초콜릿 한 **상자**

a _____ movie
공포 영화

show _____
관심을 보이다

the voice of the _____
국민의 소리[여론]

red _____
붉은 **피**

Do as your doctor **advises**.

The key to health is **proper** food and regular exercise.

His writings include poetry and **essays**.

They **teased** him about his curly hair.

He beat the child with a **cane**.

She **edits** a journal on animals.

The heroine was **brave** and wise.

His **spirit** is noble.

He **relates** the accident to his mistake.

My social life is **exciting**.

She sewed a **button** on a coat.

You must restore lost property to its **owner**.

I keep my money in a **purse**.

There are many birds in the **forest**.

He was **cheated** into buying a fake.

She **returned** the book to the library.

It was **unkind** of him to say that.

I am a writer **rather** than a teacher.

These waste products are sent to special centers for **reuse**.

The **carton** has been opened.

The officer is writing a **horror** story.

I **regard** him as a fool.

How many **nations** are there in the world?

Have you ever given **blood**?

➡ 의사의 충고대로 하시오.

➡ 건강의 열쇠는 적당한 음식과 규칙적인 운동이다.

➡ 그의 작품에는 시와 수필이 있다.

➡ 그들은 그의 고수머리를 놀렸다.

➡ 그는 그 아이를 지팡이로 때렸다.

➡ 그녀는 동물에 관한 잡지를 편집한다.

➡ 그 여주인공은 용감하고 현명했다.

➡ 그의 영혼은 고귀하다.

➡ 그는 그 사고를 자기 실수와 결부시킨다.

➡ 나의 사회생활은 흥미진진하다.

➡ 그녀는 코트에 단추를 달았다.

➡ 습득물은 주인에게 돌려주어야 한다.

➡ 나는 돈을 지갑에 넣어 둔다.

➡ 그 숲에는 많은 새들이 있다.

➡ 그는 가짜를 속아 샀다.

➡ 그녀는 그 책을 도서관에 반납했다.

➡ 그렇게 말하다니 그는 불친절했다.

➡ 나는 선생님이라기보다는 작가이다.

➡ 이러한 폐품들은 재활용 전문 센터로 보내진다.

➡ 상자가 개봉되어 있다.

➡ 경찰관이 공포 소설을 쓰고 있다.

➡ 나는 그를 바보라고 생각한다.

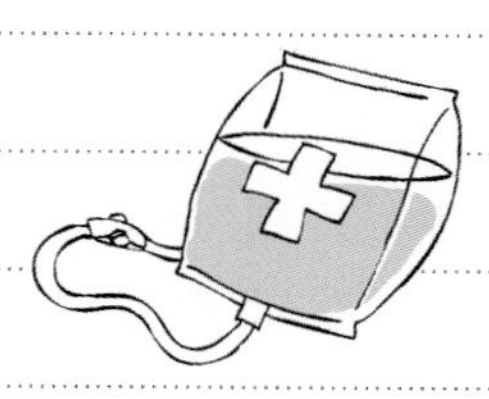

➡ 전 세계에 몇 개 국가가 있습니까?

➡ 너 헌혈 해봤니?

 단어를 3번씩 큰소리로 읽으면서 체크하세요.

0769 **unify**
[jú:nəfài] 동 통일하다

0770 **drum**
[drʌm] 명 북

0771 **judge**
[dʒʌdʒ] 동 판단하다 명 재판관

0772 **stale**
[steil] 형 상한

0773 **ticket**
[tíkit] 명 표

0774 **warm**
[wɔ:rm] 형 따뜻한

0775 **elect**
[ilékt] 동 선거하다

0776 **bright**
[brait] 형 밝은, 빛나는; 영리한

0777 **affect**
[əfékt] 동 영향을 주다

0778 **course**
[kɔ:rs] 명 진로

0779 **asleep**
[əslí:p] 형 잠자는

0780 **lend**
[lend] 동 빌려 주다

0781 **cause**
[kɔ:z] 명 원인, 이유 동 ~의 원인이 되다

0782 **energy**
[énərdʒi] 명 정력, 에너지

0783 **source**
[sɔ:rs] 명 원천, 근원

0784 **parent**
[pέərənt] 명 어버이; <복수> 부모

0785 **patient**
[péiʃənt] 형 참을성 있는 명 환자

0786 **prison**
[prízn] 명 감옥, 교도소

0787 **lawyer**
[lɔ́:jər] 명 변호사

0788 **failure**
[féiljər] 명 실패

0789 **bridge**
[bridʒ] 명 다리

0790 **pouch**
[pautʃ] 명 주머니

0791 **locate**
[lóukeit] 동 (장소에) 자리잡다; 찾아내다

0792 **riddle**
[rídl] 명 수수께끼

____ the country
나라를 **통일하다**

beat a ____
북을 치다

be hard to ____
판단하기 어렵다

____ bread
맛이 간 빵

buy a one-way ____
편도 **차표**를 사다

a ____ climate
온난한 기후

____ a person as chairman
의장으로 **선출하다**

a ____ star
빛나는 별

____ business
사업에 **영향이 미치다**

change the ____
진로를 바꾸다

be ____ in bed
침대에서 **잠들다**

____ him some money
그에게 약간의 돈을 **빌려 주다**

a probable ____
타당한 **이유**

great ____
큰 **에너지**

an important ____ of income 큰 수입**원**

lose one's ____s
부모를 여의다

a ____ worker
끈기 있는 일꾼

put in ____
감옥에 넣다

consult a ____
변호사와 상의하다

a business ____
사업 **실패**

go across a ____
다리를 건너다

a key ____
열쇠 **주머니**

____ a house
집을 **찾다**

answer a ____
수수께끼에 답하다

North Korea and South Korea will be **unified** in the future.

The **drum** kills the strings.

The court **judged** him guilty.

The popcorn is **stale**.

Where can I get a **ticket**?

It is **warm** today.

He was **elected** chairman of the committee.

She is a **bright** child.

Earthquakes **affect** the weather.

The plane changed **course**.

He was **asleep** at that time.

Can you **lend** me your pen?

The rain **caused** the river to overflow.

He is full of **energy**.

Oranges are a good **source** of vitamin C.

She cooked dinner for her **parents**.

The doctor is looking after his **patients**.

The thief is in **prison** now.

His son wants to be a **lawyer**.

Success came after many **failures**.

They built a **bridge** across the river.

A baby kangaroo lives in its mother's **pouch**.

The office is **located** in the center of Paris.

He asked a very interesting **riddle**.

➡ 남북한은 미래에 통일될 것이다.

➡ 북소리 때문에 현악기 소리가 죽는다.

➡ 법정은 그에게 유죄를 선고했다.

➡ 팝콘이 맛이 갔다.

➡ 표를 어디서 구할 수 있습니까?

➡ 오늘은 날씨가 따뜻하다.

➡ 그는 위원회의 의장으로 선출되었다.

➡ 그녀는 영리한 아이이다.

➡ 지진은 날씨에 영향을 미친다.

➡ 그 비행기는 진로를 바꾸었다.

➡ 그는 그때 잠자고 있었다.

➡ 네 펜 좀 빌려 주겠니?

➡ 비 때문에 강이 범람했다.

➡ 그는 활력이 넘쳐흐른다.

➡ 오렌지는 비타민 C의 좋은 공급원이다.

➡ 그녀는 부모님을 위해 저녁식사를 준비했다.

➡ 의사가 환자들을 돌보고 있다.

➡ 그 도둑은 현재 교도소에 있다.

➡ 그의 아들은 변호사가 되고 싶어 한다.

➡ 성공은 많은 실패 뒤에 왔다.

➡ 그들은 강에 다리를 놓았다.

➡ 새끼 캥거루는 어미 몸의 주머니에서 산다.

➡ 사무실은 파리의 중심부에 있다.

➡ 그는 퍽 재미있는 수수께끼를 냈다.

0793 **custom** [kʌ́stəm] 명 관습, 습관

0794 **bakery** [béikəri] 명 빵집

0795 **advice** [ædváis] 명 충고

0796 **tough** [tʌf] 형 질긴, 강한, 더프한

0797 **refund** [rí:fʌnd] 명 반환, 환불

0798 **rewrite** [ri:ráit] 동 고쳐 쓰다

0799 **speed** [spi:d] 명 속력

0800 **cotton** [kátn] 명 솜; 면

0801 **smog** [smag] 명 스모그

0802 **brutal** [brú:tl] 형 잔인한

0803 **castle** [kǽsl] 명 성

0804 **planet** [plǽnət] 명 행성

0805 **sheep** [ʃi:p] 명 양

0806 **active** [ǽktiv] 형 활동적인

0807 **settle** [sétl] 동 놓다; 정착하다

0808 **draft** [dræft] 명 밑그림; 초안

0809 **bored** [bɔ:rd] 형 지루한

0810 **width** [widθ] 명 폭, 너비

0811 **steer** [stiər] 동 조종하다

0812 **suffer** [sʌ́fər] 동 경험하다; 견디다

0813 **shade** [ʃeid] 명 그늘

0814 **across** [əkrɔ́:s] 전 ~건너편에, ~을 가로질러

0815 **bother** [báðər] 동 괴롭히다, 걱정하다

0816 **feeble** [fí:bl] 형 연약한

Korean ________s
한국인의 관습

lost ________
길 잃은 양

work at a ________
빵집에서 일하다

an ________ volcano
활화산

give ________
충고를 하다

________ on the land
땅에 정착하다

________ meat
질긴 고기

make a ________
초안을 작성하다

demand a ________
환불을 요구하다

________ to death
지루해서 죽을 것 같은

________ history
역사를 다시 쓰다

three ________s of cloth
세 폭의 천

gather ________
속력을 가하다

________ a ship
배를 조종하다

________ goods
면제품

________ from stomachache
복통을 앓다

a town full of ________
스모그가 심한 도시

in the ________
그늘에서

a ________ attack
잔인한 공격

run ________ the street
거리를 가로질러 달리다

a medieval ________
중세의 성

________ with
~에 신경쓰다

minor ________s
소행성

a ________ voice
연약한 목소리

I followed the American **custom**.

There is a famous **bakery** in the town.

I want to give you some **advice**.

The donkey is a **tough** animal.

I'd like to get a **refund** for my bike.

He had to **rewrite** the article.

He drove at a terrific **speed**.

Cotton crushes very easily.

Smog hung over the city.

I was angry at his **brutal** manner.

The **castle** is on the hill.

The closest **planet** to the Sun is Mercury.

He is keeping his **sheep**.

Sportsmen are usually **active**.

They **settled** immigrants in rural areas.

When will the first **draft** be ready?

We got **bored** with his lecture.

It is 4 feet in **width**.

Steer toward the right.

They will **suffer** from hunger and air pollution.

It is quite cool in the **shade**.

The supermarket is **across** the street.

Don't **bother** about the expenses.

He was a **feeble** old man.

➡ 나는 미국의 관습을 따랐다.

➡ 그 마을에는 유명한 빵집이 있다.

➡ 몇 마디 충고를 하겠다.

➡ 당나귀는 억센 동물이다.

➡ 자전거를 환불 받고 싶은데요.

➡ 그는 그 기사를 고쳐 써야만 했다.

➡ 그는 무서운 속도로 차를 몰았다.

➡ 무명은 잘 구겨진다.

➡ 스모그가 온 도시를 뒤덮었다.

➡ 나는 그의 야만적인 태도에 화가 났다.

➡ 그 성은 언덕 위에 있다.

➡ 태양에서 가장 가까운 행성은 수성이다.

➡ 그는 그의 양들을 지키고 있다.

➡ 스포츠맨은 보통 활동적이다.

➡ 그들은 이민자들을 시골 지역에 정착시켰다.

➡ 언제쯤 초안이 나오겠어요?

➡ 그의 강의는 우리를 지루하게 했다.

➡ 폭이 4피트이다.

➡ 오른쪽으로 운전대를 돌려라.

➡ 그들은 굶주림과 공기 오염으로 고통 받을 것이다.

➡ 그늘은 매우 시원하다.

➡ 길 건너편에 슈퍼마켓이 있다.

➡ 비용 걱정은 마라.

➡ 그는 연약한 노인이었다.

0817 **proof** [pruːf] 명 증명, 증거

0818 **asset** [ǽset] 명 자산; 재산

0819 **signal** [sígnəl] 명 신호

0820 **global** [glóubəl] 형 세계적인; 지구 전체의

0821 **puppy** [pʌ́pi] 명 강아지

0822 **snare** [snɛər] 명 덫, 올가미

0823 **distant** [dístənt] 형 (거리가) 먼

0824 **ahead** [əhéd] 부 앞으로, 전방에

0825 **storm** [stɔːrm] 명 폭풍(우)

0826 **desert** [dézərt] 명 사막

0827 **unfair** [ʌnfɛ́ər] 형 불공평한

0828 **tender** [téndər] 형 부드러운, 연한

0829 **spider** [spáidər] 명 거미

0830 **choice** [tʃɔis] 명 선택

0831 **divide** [diváid] 동 나누다

0832 **bullet** [búlit] 명 총알

0833 **polish** [páliʃ] 동 닦다, 윤을 내다

0834 **talent** [tǽlənt] 명 (타고난) 재능

0835 **arbor** [áːrbər] 명 나무그늘, 수목

0836 **sincere** [sinsíər] 형 성실한; 진실의

0837 **coast** [koust] 명 해안

0838 **robot** [róubət] 명 로봇

0839 **dislike** [disláik] 동 싫어하다 명 혐오

0840 **shark** [ʃaːrk] 명 상어

provide scientific ______
과학적 **증거**를 제공하다

a ______'s web
거미줄

______ management
자산 관리

a careful ______
신중한 **선택**

a danger ______
위험 **신호**

______ into groups
그룹으로 **나누다**

a ______ economic trend
세계의 경제 동향

a real ______
실**탄**

a spaniel ______
스패니얼 종 **강아지**

______ furniture
가구를 **닦다**

fall into a ______
덫에 걸리다

a major ______
두드러진 **재능**

a ______ land
먼 땅

______ Day
식목일

move ______
앞으로 이동하다

______ affection
진실된 애정

a heavy ______
격렬한 **폭풍**

a ______ road
해안 도로

the Sahara ______
사하라 **사막**

an industrial ______
산업 **로봇**

an ______ treatment
불평등한 대우

a ______ for ~
~에 대한 **혐오**

a ______ steak
연한 스테이크

a man-eating ______
식인 **상어**

There is no **proof** of that.

She was an invaluable **asset** to our firm.

He neglects traffic **signals** at night.

Global warming is getting serious.

The little boy hugged his **puppy**.

He set a **snare** for rabbits.

She is my **distant** relative.

Go straight **ahead**.

The **storm** ruined the crops.

A **desert** lacks water.

He had an **unfair** advantage.

Tender meat is easy to chew.

A **spider** spins a web.

I don't have much **choice**.

When you **divide** 10 by 2, you get 5.

There were **bullet** holes in the wall.

I **polish** my shoes regularly.

She has a **talent** for music.

We plant trees on **Arbor** Day.

I want to have **sincere** friends.

The boat is near the **coast**.

A **robot** opened the door for me.

I **dislike** frozen foods.

The **shark** is chasing Henry.

➡ 아무런 증거가 없다.

➡ 그녀는 우리 회사의 귀중한 자산이었다.

➡ 그는 밤이 되면 교통신호를 무시한다.

➡ 지구 온난화가 심각해지고 있다.

➡ 어린 소녀이 강아지를 껴안았다.

➡ 그는 토끼를 잡으려고 덫을 놓았다.

➡ 그녀는 나의 먼 친척이다.

➡ 곧장 앞으로 나가시오.

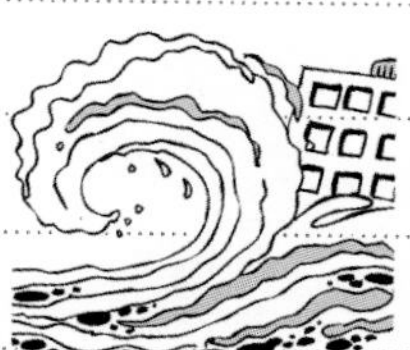

➡ 폭풍우가 농작물을 망쳐 놓았다.

➡ 사막에는 물이 없다.

➡ 그는 부당한 이익을 취했다.

➡ 연한 고기는 씹기 쉽다.

➡ 거미는 거미줄을 친다.

➡ 선택의 여지가 별로 없다.

➡ 10을 2로 나누면 5가 된다.

➡ 벽에 총알 자국들이 있었다.

➡ 나는 정기적으로 구두를 닦는다.

➡ 그녀는 음악에 재능이 있다.

➡ 우리는 식목일에 나무를 심는다.

➡ 나는 진실한 친구들을 원한다.

➡ 배가 해안 가까이에 있다.

➡ 로봇이 내게 문을 열어 주었다.

➡ 나는 냉동 음식을 싫어한다.

➡ 상어가 헨리를 쫓고 있다.

0841 **cough**
[kɔ:f] 명동 기침(하다)

0842 **alone**
[əlóun] 형 혼자인 부 혼자서

0843 **sleep**
[sli:p] 동 자다 명 잠

0844 **tight**
[tait] 형 단단한; 꼭 끼는

0845 **water**
[wɔ́:tər] 명 물

0846 **erase**
[iréis] 동 지우다

0847 **apply**
[əplái] 동 적용하다; 신청하다

0848 **animal**
[ǽnəməl] 명 동물; 짐승

0849 **career**
[kəríər] 명 경력; 직업 형 직업적인

0850 **millionaire**
[míljənɛr] 명 백만장자, 큰 부자

0851 **maximum**
[mǽksəməm] 명형 최대(의)

0852 **noodle**
[nú:dl] 명 국수

0853 **gather**
[gǽðər] 동 모으다; 수확하다

0854 **usage**
[jú:sidʒ] 명 용법; 사용

0855 **napkin**
[nǽpkin] 명 냅킨

0856 **nature**
[néitʃər] 명 자연

0857 **plastic**
[plǽstik] 명형 플라스틱(의)

0858 **capture**
[kǽptʃər] 명 포획 동 붙잡다

0859 **unplug**
[ʌnplʌ́g] 동 마개[플러그]를 뽑다

0860 **accept**
[æksépt] 동 받아들이다; 수락하다

0861 **search**
[sə:rtʃ] 동 찾다 명 조사

0862 **replace**
[ripléis] 동 대신하다; 제자리에 놓다

0863 **rubber**
[rʌ́bər] 명 고무

0864 **snack**
[snæk] 명 간단한 식사, 간식

have a bad ______
심한 **기침**을 하다

wander ______
혼자 돌아다니다

winter ______
동**면**

a ______ cap
꼭 끼는 모자

cold ______
냉**수**

______ a line
선을 **지우다**

______ for a job
일자리에 **지원하다**

an ______ farm
동물 농장

a political ______
정치가로서의 **경력**

marry a ______
백만장자와 결혼하다

______ speed
최고 속력

chicken ______ soup
닭고기 **국수** 수프

______ mushrooms
버섯을 **따다**

English ______
영어 **용법**

a paper ______
종이 **냅킨**

the force of ______
자연의 힘

a ______ bag
플라스틱 봉투

______ a criminal
범죄자를 **잡다**

______ the phone
전화기 **플러그를 빼다**

______ a proposal
신청을 **받아들이다**

a computer ______
컴퓨터 **검색**

______ a fuse
퓨즈를 **갈아 끼우다**

a ______ eraser
고무지우개

have a midnight ______
야**식**을 먹다

This medicine will ease your **cough**.

Grandma lives **alone**.

He **sleeps** eight hours every day.

This window doesn't shut **tightly**.

They went across land and **water**.

His name was **erased** from the list.

He **applied** for a scholarship.

Pollution is killing many **animals** today.

He is a **career** diplomat.

I was not a bit surprised that he was a **millionaire**.

The excitement was at its **maximum**.

Noodles were first made in China.

The farmers **gathered** their crops.

This teaching method has wide **usage**.

Always keep your **napkin** on your lap.

The poet gets inspiration from **nature**.

I collected bottles, cans and **plastics**.

He evaded **capture** for three days.

Please **unplug** the TV before you go to bed.

He **accepted** our proposal with a smile.

The police are **searching** for the killer.

Replace the book on the shelf.

Rubber stretches easily.

Popcorn is his favorite **snack**.

➡ 이 약을 먹으면 기침이 가라앉을 것이다.

➡ 할머니는 혼자 사신다.

➡ 그는 매일 8시간 잔다.

➡ 이 창문은 꼭 닫히지 않는다.

➡ 그들은 육지와 바다를 가로질러 갔다.

➡ 그의 이름은 명단에서 삭제되었다.

➡ 그는 장학금을 신청했다.

➡ 오늘날 오염으로 인해 많은 동물들이 죽고 있다.

➡ 그는 직업 외교관이다.

➡ 그가 백만장자라는 사실이 전혀 놀랍지 않았다.

➡ 흥분이 극도에 이르렀다.

➡ 국수는 중국에서 제일 먼저 만들어졌다.

➡ 농민들은 그들의 농작물을 거둬 들였다.

➡ 이 교수법은 널리 쓰이고 있다.

➡ 냅킨은 언제나 무릎 위에 올려놓으시오.

➡ 그 시인은 자연으로부터 영감을 얻는다.

➡ 나는 병, 깡통, 플라스틱을 모았다.

➡ 그는 3일간 체포를 피해 다녔다.

➡ 잠자러 가기 전에 TV 플러그를 빼세요.

➡ 그는 미소로 우리들의 제안을 받아들였다.

➡ 경찰은 살인자를 찾고 있다.

➡ 그 책을 선반 위 제자리에 놓아라.

➡ 고무는 잘 늘어난다.

➡ 팝콘은 그가 가장 좋아하는 스낵이다.

0865 **blame**
[bleim] 명동 비난(하다)

0866 **swing**
[swiŋ] 동 흔들리다 명 그네

0867 **pitch**
[pitʃ] 동 던지다

0868 **vision**
[víʒən] 명 시력

0869 **weigh**
[wei] 동 무게를 재다

0870 **bucket**
[bʌ́kit] 명 양동이

0871 **switch**
[switʃ] 명 스위치

0872 **indoor**
[índɔ̀ːr] 형 실내의

0873 **charge**
[tʃaːrdʒ] 동 부담시키다; 청구하다

0874 **borrow**
[bárou] 동 빌리다

0875 **remind**
[rimáind] 동 생각나게 하다

0876 **mental**
[méntl] 형 마음의, 정신의

0877 **awake**
[əwéik] 동 깨우다

0878 **version**
[və́ːrʒən] 명 버전; ~판

0879 **realize**
[ríːəlàiz] 동 실현하다; 깨닫다

0880 **consist**
[kənsíst] 동 이루어져 있다

0881 **donkey**
[dáŋki] 명 당나귀

0882 **interesting**
[íntəristiŋ] 형 흥미있는, 재미있는

0883 **unsafe**
[ʌnséif] 형 위험한

0884 **beside**
[bisáid] 전 ~의 옆에

0885 **tourist**
[túərist] 명 관광객 형 관광의

0886 **upstairs**
[ʌ́pstɛ̀ərz] 부형 위층에[의]

0887 **effect**
[ifékt] 명 결과; 영향

0888 **normal**
[nɔ́ːrməl] 명형 표준(의), 평균(의)

take the ______
잘못의 책임을 지다

sit on a ______
그네에 올라앉다

______ a ball
공을 던지다

normal ______
정상적인 시력

______ potatoes
감자의 무게를 달다

empty a ______
양동이를 비우다

press the ______
스위치를 누르다

______ games
실내 게임

______ a fee
수수료를 받다

______ a book
책을 빌리다

be ______ed of one's childhood 어린 시절이 생각나다

______ health
정신 건강

______ from sleep
잠에서 깨어나다

the original ______ of a play 희곡의 원본

______ one's mistake
자기 실수를 깨닫다

a mixture ______ing of flour and water 밀가루와 물로 구성된 혼합물

ride a ______
당나귀를 타다

an ______ story
재미있는 이야기

an ______ period
위험한 시기

be ______ the point
주제에서 벗어나다

the ______ industry
관광 산업

an ______ room
위층에 있는 방

an environmental ______
환경적 영향

the ______ price
정상 가격

Don't **blame** him.

Ben is on a **swing**.

He **pitched** his coat onto the sofa.

My **vision** is perfect.

He **weighed** vegetables on a balance.

The **bucket** is filled with sand and some dirty things.

Where is the light **switch**?

Bowling is an **indoor** sport.

Postal **charges** have gone up again.

You cannot **borrow** the magazine.

That picture **reminds** me of him.

The experience caused him much **mental** suffering.

She was fully **awake**.

He read Tolstoy's works in the English **version**.

At last he **realized** his own hope.

Water **consists** of hydrogen and oxygen.

The **donkey** has long ears.

The book I am reading is **interesting**.

The water is **unsafe** to swim in.

The car is **beside** the building.

The bus was crowded with **tourists**.

He went **upstairs**.

They can also have bad **effects** on teenagers.

Rain is **normal** in this area.

➡ 그를 비난하지 마라.

➡ 벤이 그네를 타고 있다.

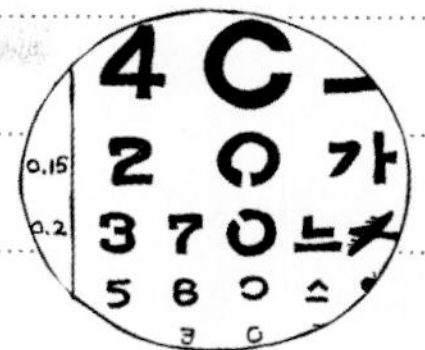

➡ 그는 코트를 소파 위로 휙 던졌다.

➡ 나의 시력은 아주 좋다.

➡ 그는 야채를 저울에 달았다.

➡ 그 양동이는 모래와 더러운 것들로 가득 차 있다.

➡ 전등 스위치가 어디 있나요?

➡ 볼링은 실내 운동이다.

➡ 우편 요금은 다시 인상되었다.

➡ 너는 그 잡지를 빌릴 수 없다.

➡ 저 그림은 그를 생각나게 한다.

➡ 그 경험으로 그는 많은 심적 고통을 겪었다.

➡ 그녀는 완전히 잠이 깼다.

➡ 그는 톨스토이의 작품을 영역본으로 읽었다.

➡ 마침내 그는 자기 희망을 실현시켰다.

➡ 물은 수소와 산소로 되어 있다.

➡ 당나귀 귀는 길다.

➡ 내가 읽고 있는 이 책은 재미있다.

➡ 이 물은 수영하기에 안전하지 못하다.

➡ 자동차가 건물 옆에 있다.

➡ 그 버스는 관광객들로 만원이었다.

➡ 그는 위층으로 올라갔다.

➡ 그들은 10대들에게 나쁜 영향을 줄 수도 있다.

➡ 비는 이 지역에서 일상적인 것이다.

0889 **handle**
[hǽndl] 명 손잡이 동 다루다

0890 **recite**
[risáit] 동 읊다; 암송하다

0891 **shrimp**
[ʃrimp] 명 새우

0892 **lottery**
[látəri] 명 복권

0893 **imitate**
[ímitèit] 동 모방하다

0894 **amuse**
[əmjú:z] 동 즐겁게 하다

0895 **injure**
[índʒər] 동 상처를 입히다

0896 **police**
[pəlí:s] 명 경찰

0897 **master**
[mǽstər] 명 주인

0898 **pursue**
[pərsú:] 동 뒤쫓다, 추적하다

0899 **pardon**
[pá:rdn] 명동 용서(하다)

0900 **spread**
[spred] 동 펴다; 퍼지다

0901 **quality**
[kwɔ́ləti] 명 질, 품질

0902 **thrifty**
[θrífti] 형 검소한

0903 **witch**
[witʃ] 명 마녀

0904 **rarely**
[rέərli] 부 드물게

0905 **praise**
[preiz] 명동 칭찬(하다)

0906 **spring**
[spriŋ] 명 봄

0907 **expect**
[ikspékt] 동 기대하다

0908 **select**
[silékt] 동 고르다; 뽑다

0909 **invent**
[invént] 동 발명하다

0910 **flight**
[flait] 명 비행; (비행기) 편

0911 **local**
[lóukəl] 형 지방[지역]의

0912 **delay**
[diléi] 동 미루다 명 지연

_______ a machine
기계를 **다루다**

_______ a poem
시를 **낭송하다**

fried rice with _______
새우 볶음밥

win a _______
복권에 당첨되다

_______ nature
자연을 **모방하다**

_______ greatly
매우 **즐겁게 하다**

_______ slightly
약간 **다치게 하다**

inform the _______
경찰에 알리다

_______ and servant
주인과 종

_______ an ideal
이상을 **추구하다**

ask _______
용서를 빌다

_______ the wings
날개를 **펴다**

high _______
고급 **품질**

a _______ habit
절약하는 습관

a _______ hunt
마녀 사냥

_______ happen
드물게 발생하다

earn _______
칭찬을 받다

an early _______
초**봄**

be _______ing a baby
출산할 **예정이다**

_______ a site
장소를 **선정하다**

_______ a new device
새 장치를 **발명하다**

a direct _______
직행 **항공편**

a _______ community
지역 사회

an hour's _______
1시간의 **지연**

I'm able to **handle** this kind of situation pretty well.

She **recited** her poetry to the audience.

I've ordered fried **shrimp**.

He won the **lottery** yesterday.

Parrots **imitate** human speech.

The joke **amused** all of us.

He was **injured** in the accident.

I hope to be a **police** officer after graduation.

The slaves feared their **master**.

The police officer **pursued** a thief.

He will not **pardon** you.

The rumor **spread** all over the town.

No goods can compete with this in the **quality**.

He saved a lot of money by living a **thrifty** life.

The **witch** changed the prince into a frog.

A miracle **rarely** happens.

She was embarrassed by his **praise**.

I look forward to the return of **spring**.

We are **expecting** a white Christmas this year.

Our shops **select** only the best produce.

Hangeul was **invented** by King Sejong.

My father is arriving on the next **flight**.

He edits the **local** newspaper.

He is anxious about her **delay**.

➡ 나는 이러한 상황을 잘 다룰 수 있다.

➡ 그녀는 청중 앞에서 자작시를 낭송했다.

➡ 저는 새우튀김을 주문했습니다.

➡ 그는 어제 복권에 당첨됐다.

➡ 앵무새는 인간의 말을 흉내 낸다.

➡ 그 농담에 우리는 모두 웃었다.

➡ 그는 그 사고로 다쳤다.

➡ 나는 졸업 후에 경찰이 되고 싶다.

➡ 노예들은 그들의 주인을 두려워했다.

➡ 경찰은 그 도둑을 추격했다.

➡ 그는 너를 용서하지 않을 것이다.

➡ 그 소문은 온 동네에 퍼졌다.

➡ 품질에 있어서 이것과 견줄 상품은 없다.

➡ 그는 검소하게 살아 돈을 많이 모았다.

➡ 마녀가 왕자를 개구리로 바꿔 버렸다.

➡ 기적은 드물게 일어난다.

➡ 그녀는 그의 칭찬에 당황했다.

➡ 나는 봄이 돌아오기를 고대한다.

➡ 올해 우리는 화이트 크리스마스를 기대하고 있다.

➡ 우리 상점은 최고의 제품만을 엄선한다.

➡ 한글은 세종대왕에 의해 창제되었다.

➡ 아버지가 다음 비행기 편으로 오신다.

➡ 그는 지방 신문의 편집인이다.

➡ 그는 그녀가 늦어서 걱정하고 있다.

Part 3

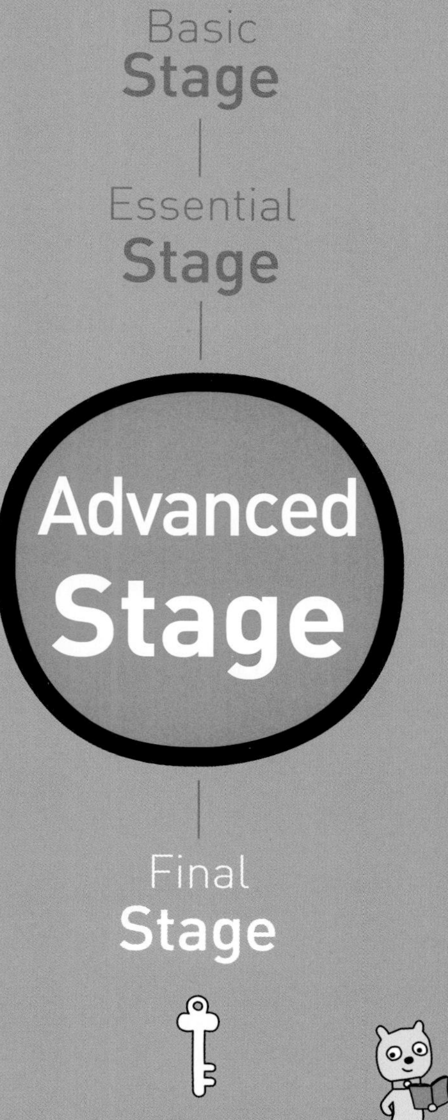

좀 어렵게 느껴지더라도 여기에 나온 단어를
완벽하게 자신의 것으로 만든다면 중2-3학년
영어에 대한 자신감이 생길 거예요.

0913 **bound**
[baund] 형 묶인

0914 **abroad**
[əbrɔ́:d] 부 외국에[으로]

0915 **landing**
[lǽndiŋ] 명 착륙

0916 **airline**
[έərlàin] 명 항공 회사

0917 **depart**
[dipá:rt] 동 출발하다

0918 **airplane**
[έərplèin] 명 <미> 비행기

0919 **captain**
[kǽptin] 명 (팀의) 주장; 선장

0920 **eastern**
[í:stərn] 형 동쪽의

0921 **fasten**
[fǽsn] 동 매다; 잠그다

0922 **statue**
[stǽtʃu:] 명 상(像), 조각상

0923 **liberty**
[líbərti] 동 자유

0924 **curtain**
[kə́:rtn] 명 커튼; 막 동 커튼을 치다

0925 **lonely**
[lóunli] 형 고독한, 혼자인

0926 **similar**
[símələr] 형 비슷한, 닮은

0927 **culture**
[kʌ́ltʃər] 명 문화

0928 **perfect**
[pə́:rfikt] 형 완벽한, 나무랄 데 없는

0929 **chicken**
[tʃíkin] 명 닭, 닭고기(치킨)

0930 **serious**
[síəriəs] 형 진지한; 중대한, (병이) 심한

0931 **wonder**
[wʌ́ndər] 동 궁금해 하다 명 경이

0932 **special**
[spéʃəl] 형 특별한, 특수한

0933 **contest**
[kántest] 명 대회; 경쟁

0934 **speech**
[spi:tʃ] 명 말; 연설

0935 **project**
[prádʒekt] 명 계획

0936 **explain**
[ikspléin] 동 설명하다

fog-______ airports
안개 때문에 발이 **묶인** 공항

study ______
해외 유학하다

a lunar ______ ship
달**착륙**선

an ______ pilot
항공기 조종사

______ for London
런던으로 **출발하다**

an ______ takes off
비행기가 이륙하다

a ship's ______
선**장**

______ ideas
동양 사상

______ buttons
단추를 **잠그다**

a bronze ______
청동 **상**

gain one's ______
자유를 얻다

______ed windows
커튼을 친 창

a ______ street
쓸쓸한 거리

______ tastes
비슷한 취미

popular ______
대중**문화**

a ______ answer
완벽한 대답

______ soup
닭고기 수프

a ______ illness
심각한 병

nature's ______s
자연계의 **경이**

a ______ train
특별 열차

a beauty ______
미인 **대회**

close a ______
연설을 끝내다

a space development ______
우주 개발 **계획**

______ briefly
간단히 **설명하다**

His hands were **bound**.

I shall go **abroad** next month.

Our plane made an emergency **landing**.

He is an **airline** pilot.

Our train **departs** from platform seven.

A pilot flies an **airplane**.

The **captain** walked the deck.

This house has an **eastern** aspect.

Please **fasten** your seat belts.

The base of the **statue** is cement.

The Statue of **Liberty** is in New York.

The **curtain** is rising.

He lived a **lonely** life.

The sisters look very **similar**.

Teenage **culture** is different from adult culture.

His English paper was **perfect**.

A rooster is an adult male **chicken**.

His injury was not **serious**.

I **wondered** where they went on holiday.

We eat **special** food on New Year's Day.

He won the speech **contest**.

He made a **speech** in English.

He explained his **project** to me.

She **explained** the problem to me.

➡ 그는 손이 묶였다.

➡ 나는 내달 외국에 간다.

➡ 우리 비행기는 비상 착륙을 했다.

➡ 그는 항공기 조종사이다.

➡ 우리가 탈 기차는 7번 플랫폼에서 출발한다.

➡ 조종사는 비행기를 조종한다.

➡ 선장은 갑판을 걸었다.

➡ 이 집은 동향이다.

➡ 안전벨트를 매세요.

➡ 그 조각상의 토대는 시멘트이다.

➡ 자유의 여신상은 뉴욕에 있다.

➡ 막이 오르고 있다.

➡ 그는 고독한 일생을 보냈다.

➡ 그 자매는 많이 닮았다.

➡ 십대 문화는 성인문화와 다르다.

➡ 그의 영어 답안은 나무랄 데가 없었다.

➡ 'rooster'는 다 큰 수탉이다.

➡ 그의 부상은 심하지 않았다.

➡ 나는 그들이 휴가 동안 어디에 갔었는지 궁금했다.

➡ 우리는 설날에 특별한 음식을 먹는다.

➡ 그는 웅변 대회에서 우승했다.

➡ 그는 영어로 연설을 했다.

➡ 그는 나에게 자신의 계획을 설명했다.

➡ 그녀가 나에게 그 문제를 설명했다.

0937 **builder**
[bíldər] 명 건축업자, 건설회사

0938 **nonstop**
[nànstáp] 형부 직행의[으로]

0939 **one-way**
[wʌ́n wei] 형 한쪽(만)의, 일방통행의

0940 **general**
[ʤénərəl] 형 일반의 명 장군

0941 **opinion**
[əpínjən] 명 의견

0942 **quickly**
[kwíkli] 부 빨리

0943 **border**
[bɔ́:rdər] 명 가장자리, 경계

0944 **rudely**
[rú:dli] 부 버릇없이

0945 **desire**
[dizáiər] 동 바라다 명 욕구

0946 **migrate**
[máigreit] 동 이주하다

0947 **danger**
[déindʒər] 명 위험

0948 **display**
[displéi] 명동 전시(하다); 나타내다

0949 **remain**
[riméin] 동 남다

0950 **outdoor**
[áutdɔ̀:r] 형 집 밖의, 야외의

0951 **citizen**
[sítəzən] 명 시민

0952 **poetry**
[póuitri] 명 시

0953 **scrape**
[skreip] 동 문지르다, 긁다

0954 **cellular**
[séljələr] 형 세포의

0955 **admire**
[ædmáiər] 동 감탄하다

0956 **branch**
[bræntʃ] 명 나뭇가지; 지사

0957 **breathe**
[bri:ð] 동 숨 쉬다

0958 **shock**
[ʃak] 명동 충격(을 주다)

0959 **soldier**
[sóuldʒər] 명 군인

0960 **funeral**
[fjú:nərəl] 형 장례의 명 장례식

a big ______
큰 건설회사

fly ______
논스톱으로 비행하다

______ traffic
일방통행

the ______ public
일반 대중

a personal ______
개인적인 의견

speak ______
빨리 말하다

the inter-Korean ______
남북한 접경

act ______
버릇없이 행동하다

satisfy a ______
욕망을 만족시키다

______ from Seoul to Incheon 서울에서 인천으로 이주하다

a ______ signal
위험 신호

______ goods
상품을 전시하다

______ in one's memory
기억에 남다

an ______ life
야외 생활

an American ______
미국 시민

______ and prose
시와 산문

______ paint from a door
문의 페인트를 긁어내다

______ structure
세포 구조

______ his courage
그의 용기에 감탄하다

break a ______
나뭇가지를 꺾다

______ deeply
심호흡하다

culture ______
문화 충격

an enemy ______
적군

attend a ______
장례식에 참석하다

He is a big **builder** of houses in the area.

He was very excited and talked **nonstop**.

What's the **one-way** fare?

He became a **general**.

In my **opinion**, you're wrong.

Time goes by so **quickly**.

The steep path is the sole access to the **border**.

He laughed **rudely**.

We all **desire** success.

These birds **migrate** to South America every spring.

The bodyguard protected her against **danger**.

His work **displays** a poverty of imagination.

A few leaves **remain** on the tree.

He is swimming in an **outdoor** pool.

Every **citizen** has civil rights and duties.

She has no talent for **poetry**.

Scrape your boots clean before you come in.

I have to study **cellular** structure for my exam.

I **admire** him for his success in business.

The birds are sitting on a **branch**.

I want to **breathe** fresh air.

The news is a **shock** to us.

The **soldiers** will fight bravely.

His **funeral** was held at the church.

➡ 그는 그 지역의 대규모 주택 건축업자이다.

➡ 그는 매우 흥분해서 쉬지 않고 말을 했다.

➡ 편도 요금이 얼마입니까?

➡ 그는 장군이 되었다.

➡ 내 생각으로는 네가 그르다.

➡ 시간은 너무 빨리 지나간다.

➡ 가파른 그 길이 국경으로 가는 유일한 방법이다.

➡ 그는 버릇없이 웃었다.

➡ 우리는 모두 성공을 바란다.

➡ 이 새들은 매년 봄에 남미로 이동한다.

➡ 경호원은 위험으로부터 그녀를 보호했다.

➡ 그의 작품은 상상력 빈곤을 보여준다.

➡ 나뭇잎 몇 개가 나무에 달려 있다.

➡ 그는 야외 수영장에서 수영하고 있다.

➡ 모든 시민은 시민의 권리와 의무를 갖고 있다.

➡ 그녀는 시에 재능이 없다.

➡ 들어오기 전에 신발을 깨끗이 문질러 닦으시오.

➡ 나는 시험을 위해 세포구조를 공부해야 한다.

➡ 나는 그의 사업 성공을 감탄한다.

➡ 새들이 나뭇가지 위에 앉아 있다.

➡ 나는 신선한 공기를 호흡하고 싶다.

➡ 그 소식은 우리에게 충격적인 것이다.

➡ 군인들은 용감히 싸울 것이다.

➡ 그의 장례식은 교회에서 치러졌다.

0961 **unless**
[ənlés] 접 만약 ~이 아니라면

0962 **indeed**
[indí:d] 부 실로, 참으로

0963 **seldom**
[séldəm] 부 드물게; 좀처럼 ~않는

0964 **thought**
[θɔ:t] 명 생각

0965 **neglect**
[niglékt] 동 무시하다, 방치하다

0966 **positive**
[pázətiv] 형 긍정적인; 명확한

0967 **donate**
[dóuneit] 동 기증[기부]하다

0968 **palace**
[pǽlis] 명 궁전

0969 **dialect**
[dáiəlèkt] 명 방언, 사투리

0970 **extend**
[iksténd] 동 확장하다

0971 **sacred**
[séikrid] 형 신성한; 종교적인

0972 **rainbow**
[réinbòu] 명 무지개

0973 **rainfall**
[réinfɔ̀l] 명 강우(량)

0974 **survive**
[sərváiv] 동 살아남다

0975 **rhyme**
[raim] 명 운, 운율

0976 **rhythm**
[ríðm] 명 박자, 리듬

0977 **copper**
[kápər] 명형 구리(의)

0978 **achieve**
[ətʃí:v] 동 이루다

0979 **cultural**
[kʌ́ltʃərəl] 형 문화의; 교양의

0980 **earnest**
[ə́:rnist] 형 진지한, 열심인

0981 **summit**
[sʌ́mit] 명 정상; 절정

0982 **reunion**
[ri:jú:njən] 명 재결합; 재회

0983 **produce**
[prədjú:s] 동 생산하다

0984 **direction**
[dirékʃən] 명 방향, 방위

_____ I'm mistaken
내가 오해하지 **않았다면**

annual _____
연간 **강우량**

a very big parcel _____
정말로 매우 큰 소포

_____ one's children
자식들보다 **오래 살다**

_____ late
좀처럼 늦지 **않다**

a poem in _____
운율이 있는 시

express a _____
생각을 표현하다

a sense of _____
리듬감

_____ a baby
아기를 **방치하다**

a _____ pipe
구리 파이프

a _____ fact
명확한 사실

_____ success
성공을 **거두다**

_____ blood
헌혈하다

_____ differences
문화적 차이

the Changdeok _____
창덕**궁**

an _____ conversation
진지한 대화

speak in _____
사투리로 말하다

climb to the _____
정상까지 올라가다

_____ a visa
비자를 **연장하다**

a family _____ at Christmas 크리스마스 때의 가족 **재회**

play _____ music
종교 음악을 연주하다

_____ cars
자동차를 **만들다**

_____ -colored
무지개 빛깔의

the opposite _____
반대 **방향**

We shall go **unless** it rains.

A friend in need is a friend **indeed**.

He **seldom** complains.

His **thought** is behind the times.

You should not **neglect** parental responsibilities.

She has a very **positive** attitude to life.

I **donated** money for her.

He arrived at the **palace** where the king lived.

She speaks a broad Gyeongsang-do **dialect**.

He asked me to **extend** my legs.

Marriage is **sacred**.

There is a **rainbow** over the mountain.

We haven't had much **rainfall** this year.

He has **survived** the plane crash.

Can you think of a **rhyme** for 'fellow'?

He plays in a fast **rhythm**.

Copper is used to make things such as coins and electrical wires.

She has **achieved** worldwide fame.

The two countries make **cultural** exchanges.

She wore an **earnest** expression.

I reached the **summit** of happiness.

We have a family **reunion** once a month.

Hens **produce** eggs.

We looked in the **direction** of the sea.

➡ 만일 비가 오지 않으면 우리는 갈 것이다.

➡ 어려울 때 친구가 참다운 친구다.

➡ 그는 좀처럼 불평하지 않는다.

➡ 그의 생각은 시대에 뒤떨어져 있다.

➡ 부모의 책임을 소홀히 해서는 안 된다.

➡ 그녀는 삶에 대해 아주 긍정적인 태도를 지니고 있다.

➡ 나는 그녀를 위해 돈을 기부했다.

➡ 그는 왕이 살았던 궁전에 도착했다.

➡ 그 여자는 진한 경상도 사투리를 쓴다.

➡ 그는 다리를 펴 보라고 했다.

➡ 결혼은 신성한 것이다.

➡ 그 산 위에 무지개가 있다.

➡ 금년에는 강우량이 많지 않았다.

➡ 그는 비행기 추락사고에서 살아남았다.

➡ 너는'fellow'라는 단어에 어울리는 운율어를 생각해낼 수 있니?

➡ 그는 빠른 리듬으로 연주한다.

➡ 구리는 동전이나 전선 등을 만드는 데 쓰인다.

➡ 그녀는 세계적인 명성을 얻었다.

➡ 그 두 나라는 문화 교류를 하고 있다.

➡ 그녀는 진지한 표정을 지었다.

➡ 나는 행복의 절정에 도달했다.

➡ 우리는 한 달에 한 번씩 가족 재회의 모임을 갖는다.

➡ 암탉은 알을 낳는다.

➡ 우리는 바다 방향을 바라보았다.

0985 **perform**
[pərfɔ́ːrm] 동 행하다; 연주하다

0986 **refuse**
[rifjúːz] 동 거절하다

0987 **percent**
[pərsént] 명 퍼센트, 백분율

0988 **freedom**
[fríːdəm] 명 자유

0989 **century**
[séntʃəri] 명 세기, 백년

0990 **become**
[bikʌ́m] 동 ~이 되다

0991 **notebook**
[nóutbùk] 명 공책, 노트

0992 **harmful**
[háːrmfəl] 형 해로운

0993 **helpful**
[hélpfəl] 형 도움이 되는

0994 **against**
[əgénst] 인전 ~을 거슬러; ~에 부딪혀

0995 **phrase**
[freiz] 명 어구

0996 **certainly**
[sə́ːrtnli] 부 반드시, 틀림없이

0997 **bamboo**
[bæmbúː] 명 대나무

0998 **besides**
[bisáidz] 부 그밖에 전 ~외에도

0999 **though**
[ðou] 접 비록 ~이지만

1000 **twinkle**
[twíŋkl] 동 반짝반짝 빛나다

1001 **scissors**
[sízərz] 명 가위

1002 **suggest**
[səgdʒést] 동 암시하다; 제안하다

1003 **beloved**
[bilʌ́vid] 형 사랑스러운

1004 **modern**
[mádərn] 형 근대의, 현대적인

1005 **reliable**
[riláiəbl] 형 믿을 수 있는

1006 **scenery**
[síːnəri] 명 풍경, 경치

1007 **northern**
[nɔ́ːrðərn] 형 북쪽에 있는

1008 **common**
[kámən] 형 보통의, 평범한; 공통의

_______ surgery
수술을 **하다**

a _______ chair
대나무 의자

_______ a bribe
뇌물을 **거절하다**

_______ me
나 **말고도**

a hundred _______ silk dress 100 **퍼센트** 실크 옷

_______ he is young
비록 그는 젊**지만**

justice and _______
정의와 **자유**

stars _______ing in the sky
하늘에 **반짝이는** 별

in the 19th _______
19**세기**에

a pair of _______
가위 하나

_______ a doctor
의사**가 되다**

_______ a tour of the museum 박물관 견학을 **제안하다**

write in a _______
공책에 적다

one's _______ wife
사랑하는 아내

be _______ to society
사회에 **해롭다**

_______ dance
현대 무용

a _______ map
도움이 되는 지도

a _______ friend
믿을 수 있는 친구

be _______ the plan
계획에 **반대하다**

enjoy the _______
경치를 즐기다

a verb _______
동사**구**

the _______ region
북부 지역

almost _______
거의 **확실히**

_______ sense
일반 상식

They **performed** a ceremony.

I **refused** her offer.

Ninety **percent** of people have a car.

The price of **freedom** is responsibility.

This building was built in the nineteenth **century**.

She's **become** a vegetarian.

I opened my **notebook**.

Smoking is **harmful** to your health.

This knife is **helpful** in many ways.

That's **against** the law.

He answered in a carefully chosen **phrase**.

He will **certainly** come.

She bought a **bamboo** basket.

He speaks French **besides** English.

Though it may seem strange, it is not.

Stars **twinkle** bright.

Mary is cutting hair with **scissors**.

I **suggested** waiting.

He lost his **beloved** wife last year.

This building is **modern**.

He needs a **reliable** person for the position.

Alpine **scenery** is grand.

The **northern** part of the country is mountainous.

Snow is **common** here.

➡ 그들은 의식을 거행했다.

➡ 나는 그녀의 제안을 거절했다.

➡ 90%의 사람들이 차를 갖고 있다.

➡ 자유의 대가는 책임이다.

➡ 이 건물은 19세기에 지어졌다.

➡ 그녀는 채식주의자가 되었다.

➡ 나는 노트를 폈다.

➡ 흡연은 건강에 해롭다.

➡ 이 칼은 여러 가지로 유용하다.

➡ 그것은 법에 위배된다.

➡ 그는 신중히 선택한 어구로 답했다.

➡ 그는 꼭 올 것이다.

➡ 그녀는 대나무 바구니를 샀다.

➡ 그는 영어 외에도 불어를 한다.

➡ 비록 이상해 보일지 모르지만 그렇지 않다.

➡ 별이 밝게 빛나고 있다.

➡ 메리는 가위로 머리카락을 자르고 있다.

➡ 나는 기다리자고 제안했다.

➡ 그는 작년에 사랑스러운 아내를 잃었다.

➡ 이 건물은 현대식이다.

➡ 그는 그 직책에 믿을 만한 사람을 필요로 한다.

➡ 알프스의 경치는 웅대하다.

➡ 그 나라의 북부는 산이 많다.

➡ 이곳은 눈이 흔하다.

1009 **exactly**
[igzǽktli] 부 정확하게

1010 **autumn**
[ɔ́ːtəm] 명 <영> 가을

1011 **ancestor**
[ǽnsestər] 명 조상

1012 **calendar**
[kǽləndər] 명 달력, 캘린더

1013 **message**
[mésidʒ] 명 메시지

1014 **relative**
[rélətiv] 명 친척

1015 **pilgrim**
[pílgrim] 명 순례자

1016 **national**
[nǽʃənəl] 형 국민의, 국가의

1017 **holiday**
[hálədèi] 명 휴일, 휴가

1018 **neither**
[níːðər] 부 (neither A nor B) A도 B도 아니다

1019 **tumble**
[tʌ́mbl] 동 굴러 떨어지다

1020 **tremble**
[trémbl] 동 떨다

1021 **forever**
[fərévər] 부 영원히

1022 **ground**
[graund] 명 땅; 운동장

1023 **squirrel**
[skwə́ːrəl] 명 다람쥐

1024 **section**
[sékʃən] 명 부분; (도시의) 구역

1025 **battery**
[bǽtəri] 명 전지, 배터리

1026 **example**
[igzǽmpl] 명 보기

1027 **beauty**
[bjúːti] 명 아름다움; 미인

1028 **trouble**
[trʌ́bl] 명 불편, 폐, 문제점; 고장

1029 **gentle**
[ʤéntl] 형 상냥한, 점잖은

1030 **double**
[dʌ́bl] 형 두 배의 명 두 배

1031 **another**
[ənʌ́ðər] 대 또 하나 형 다른

1032 **within**
[wiðín] 전 ~의 안에

at ________ six o'clock
정각 6시에

a clear ________ day
맑은 **가을** 날

________ worship
조상 숭배

a desk ________
책상용 **달력**

bring a ________
메시지를 전하다

a close ________
가까운 **친척**

Muslim ________s
이슬람교 **순례자들**

the ________ park
국립공원

a national ________
국경**일**

________ read nor write
읽지**도** 쓰지**도 못하다**

________ down the stairs
계단에서 **굴러 떨어지다**

________ with fear
공포로 **떨다**

love you ________
영원히 너를 사랑한다

sit on the ________
땅에 앉다

a ________ storing food
식량을 저장하는 **다람쥐**

a business ________
상업 **지역**

a long-lived ________
수명이 긴 **전지**

show an ________
본을 보이다

a ________ contest
미인선발대회

an engine ________
엔진 **고장**

a ________ heart
상냥한 마음

a ________ price
두 배의 값

in ________ moment
다음 순간에

finish ________ a week
1주일 **안에** 끝내다

The twins look **exactly** the same.

The sky is high in **autumn**.

His **ancestors** came from Spain.

A big **calendar** is hanging on the wall.

I have a **message** for you.

She is my distant **relative**.

The **pilgrims** failed to find a place to settle.

That is the **national** flag of Korea.

I'm on **holiday** next week.

I know **neither** his father nor his mother.

She took a nasty **tumble**.

She **trembled** at the sound.

I will love my parents **forever**.

The **ground** of our school is large.

The **squirrel** is sitting in the tree.

There are many **sections** in this office.

The **battery** went dead.

He gave them a good **example**.

We were charmed with the **beauty** of the palace.

I am sorry to cause you so much **trouble**.

A **gentle** rain was falling.

This railroad has a **double** track.

Give me **another**.

He will be back **within** a week.

➡ 그 쌍둥이는 정말 똑같다.

➡ 가을에는 하늘이 높다.

➡ 그의 선조는 스페인 출신이다.

➡ 큰 달력이 벽에 걸려 있다.

➡ 당신에게 전할 말이 있다.

➡ 그녀는 나의 먼 친척이다.

➡ 순례자들은 정착할 곳을 찾는 데 실패했다.

➡ 저것이 한국의 국기이다.

➡ 나는 다음 주에 휴가다.

➡ 나는 그의 아버지도 어머니도 모른다.

➡ 그녀는 심하게 넘어졌다.

➡ 그녀는 그 소리에 몸을 떨었다.

➡ 나는 내 부모님을 영원히 사랑할 것이다.

➡ 우리 학교 운동장은 넓다.

➡ 다람쥐가 나무에 앉아 있다.

➡ 이 사무실에는 많은 부서가 있다.

➡ 전지가 다 닳았다.

➡ 그는 그들에게 좋은 본을 보여 주었다.

➡ 우리는 그 궁전의 아름다움에 매혹되었다.

➡ 너무 폐를 끼쳐 미안합니다.

➡ 조용한 비가 내리고 있었다.

➡ 이 철도선은 복선이다.

➡ 하나 더 주세요.

➡ 그는 1주일 이내에 돌아올 것이다.

1033 **triangle**
[tráiæŋgl] 명 삼각형

1034 **terrific**
[tərífik] 형 굉장한; 멋진

1035 **enough**
[inʌ́f] 형 충분한, 넉넉한 부 충분히

1036 **belong**
[bilɔ́:ŋ] 동 속하다, ~의 소유이다

1037 **attempt**
[ətémpt] 명동 시도(하다)

1038 **chance**
[tʃæns] 명 기회; 가망

1039 **social**
[sóuʃəl] 형 사회적인

1040 **moral**
[mɔ́:rəl] 형 도덕(상)의

1041 **miner**
[máinər] 명 광부

1042 **minor**
[máinər] 형 작은 명 미성년자

1043 **person**
[pə́:rsn] 명 사람

1044 **guess**
[ges] 동 추측하다

1045 **guest**
[gest] 명 (초대받은) 손님

1046 **argue**
[á:rgju:] 동 논쟁하다; 주장하다

1047 **arrive**
[əráiv] 동 도착하다, 다다르다

1048 **quarter**
[kwɔ́:rtər] 명 4분의 1, 15분

1049 **o'clock**
[əklák] 부 ~시

1050 **pianist**
[piǽnist] 명 피아니스트

1051 **correct**
[kərékt] 형 정확한, 옳은

1052 **subject**
[sʌ́bdʒikt] 명 주제; (학교의) 과목

1053 **studio**
[stjú:diòu] 명 스튜디오, 촬영소

1054 **director**
[diréktər] 명 지도자; 감독

1055 **control**
[kəntróul] 동 지배하다, 관리하다

1056 **space**
[speis] 명 공간; 우주

a regular ______
정**삼각형**

an unwelcome ______
달갑지 않은 **손님**

a ______ party
아주 신나는 파티

______ logically
논리적으로 **주장을 펴다**

sleep ______
충분히 자다

______ at a village
마을에 **도착하다**

______ to this club
이 클럽에 **속하다**[회원이다]

a ______ of a cake
케이크의 **4분의 1**

a brave ______
용감한 **시도**

the seven ______ train
7**시**발 기차

a good ______
절호의 **기회**

a born ______
타고난 **피아니스트**

the ______ environment
사회적 환경

a ______ answer
정확한 대답

______ philosophy
윤리학

change the ______
화제를 바꾸다

hard-working ______s
성실한 **광부들**

a film ______
영화 **촬영소**

a ______ party
소수당

an assistant ______
(영화의) 조**감독**

a nice ______
좋은 **사람**

______ a plane
비행기를 **조종하다**

______ her age
그녀의 나이를 **추측하다**

open ______
빈 **공간**

A **triangle** has three sides.

He is a **terrific** baseball player.

I have **enough** money to buy a book.

That dictionary **belongs** to me.

She **attempted** to find a job.

There is a **chance** that she may survive.

I take part in many **social** activities.

Man is a **moral** animal.

My father was a coal **miner**.

It's only a **minor** problem.

He is a bad **person**.

I **guess** she is eight years old.

I was his **guest** for a month.

I **argue** with my brother all the time.

They **arrived** late.

There is a **quarter** of an orange left.

It is just ten **o'clock**.

She is a famous **pianist**.

That clock shows the **correct** time.

What is your favorite **subject**?

The photographers are inside the **studio**.

He is an art **director** in England.

I could not **control** my feelings.

All the parking **spaces** are taken.

➡ 삼각형에는 세 개의 변이 있다.

➡ 그는 야구를 굉장히 잘한다.

➡ 나는 책을 살 충분한 돈이 있다.

➡ 그 사전은 나의 것이다.

➡ 그녀는 일자리를 찾으려고 했다.

➡ 그녀는 살 가망이 있다.

➡ 나는 여러 사회활동에 참여한다.

➡ 인간은 도덕적 동물이다.

➡ 나의 아버지는 석탄을 캐는 광부였다.

➡ 그것은 단지 사소한 문제다.

➡ 그는 나쁜 사람이다.

➡ 나는 그녀가 8살이라고 추측한다.

➡ 나는 한 달 동안 그의 집에 손님으로 있었다.

➡ 나는 항상 형과 논쟁을 한다.

➡ 그들은 늦게 도착했다.

➡ 귤의 4분의 1이 남아 있다.

➡ 정각 10시이다.

➡ 그녀는 유명한 피아니스트다.

➡ 저 시계는 정확한 시간을 가리킨다.

➡ 네가 가장 좋아하는 과목은 무엇이니?

➡ 사진사가 스튜디오 안에 있다.

➡ 그는 영국에서 미술 감독이다.

➡ 나는 감정을 억제할 수가 없었다.

➡ 주차장이 꽉 찼군요.

1057 **circle** [sə́:rkl] 명 원 동 둘러싸다

1058 **month** [mʌnθ] 명 달, 월

1059 **never** [névər] 부 결코 ~하지 않다

1060 **pause** [pɔ:z] 명동 중지(하다)

1061 **repeat** [ripí:t] 동 반복하다

1062 **supper** [sʌ́pər] 명 저녁식사

1063 **bloom** [blu:m] 명 꽃 동 꽃이 피다

1064 **answer** [ǽnsər] 명동 대답(하다)

1065 **choose** [tʃu:z] 동 뽑다, 고르다

1066 **change** [tʃeindʒ] 동 바꾸다

1067 **regular** [régjulər] 형 정기적인

1068 **behind** [biháind] 전 ~의 뒤(쪽)에

1069 **comic** [kámik] 형 희극의; 만화의

1070 **sleepy** [slí:pi] 형 졸리는

1071 **couch** [kautʃ] 명 소파

1072 **partner** [pá:rtnər] 명 상대; 파트너

1073 **toward** [təwɔ́:rd] 전 ~쪽으로

1074 **forward** [fɔ́:rwərd] 부 앞으로

1075 **service** [sə́:rvis] 명 봉사; 서비스

1076 **system** [sístəm] 명 제도; 체계

1077 **weekly** [wí:kli] 형 매주의

1078 **period** [píəriəd] 명 기간, 시기

1079 **reward** [riwɔ́:rd] 명 보수

1080 **degree** [digrí:] 명 정도; 학위

sit in a ______
빙 둘러앉다

last ______
지난 **달**

______ tell a lie
결코 거짓말을 **하지 않다**

______ for breath
한숨 돌리기 위해 **잠깐 쉬다**

______ news
뉴스를 **반복하다**

a late ______
늦은 **저녁식사**

in full ______
만**개**하여

a correct ______
정**답**

______ a reference book
참고서를 **고르다**

______ the rules
규칙을 **바꾸다**

______ classes
정규 수업

a garden ______ a house
집의 **뒤**뜰

a ______ book
만화책

feel ______
졸음이 오다

a ______ potato
카우치 포테이토

help the ______
파트너를 돕다

run ______ the sea
바다를 **향해** 달리다

a step ______
한 걸음 **앞으로**

public ______s
공공 **서비스**

an education ______
교육 **제도**

a ______ magazine
주간지

a short ______
짧은 **기간**

receive a ______
보상을 받다

grant a ______
학위를 주다

The people are seated in a **circle**.

January is the first **month** of the year.

I'll **never** give it up.

I **paused** in the conversation.

Don't **repeat** such an error.

Supper is the last meal of the day.

The rose **blooms** in May.

She **answered** my questions.

We **chose** to go to the sea.

He **changed** his mind.

Eating **regular** meals is good for your health.

She is hiding **behind** the door.

The **comic** book was very funny.

He looks very **sleepy**.

He slept on the **couch**.

I like my **partner**.

She was walking **toward** me.

She looked **forward**.

The **service** at the hotel is good.

The welfare **system** of that country is not working well.

This is a **weekly** newspaper.

He stayed there for a short **period**.

They received **rewards** for their efforts.

I got a doctor's **degree** in philosophy in 2008.

➡ 사람들이 원 모양으로 앉아 있다.

➡ 1월은 1년의 첫 번째 달이다.

➡ 나는 그것을 결코 포기하지 않겠다.

➡ 나는 대화를 잠시 중지했다.

➡ 그런 잘못을 되풀이하지 마라.

➡ 저녁식사는 하루의 마지막 식사이다.

➡ 장미는 5월에 핀다.

➡ 그녀는 내 질문에 대답했다.

➡ 우리는 바다에 가기로 결정했다.

➡ 그는 마음을 바꾸었다.

➡ 규칙적인 식사를 하는 것은 건강에 좋다.

➡ 그녀는 문 뒤에 숨어 있다.

➡ 그 만화책은 매우 재미있었다.

➡ 그는 대단히 졸린 듯하다.

➡ 그는 소파에서 잤다.

➡ 내 파트너가 마음에 든다.

➡ 그녀는 나를 향하여 걸어오고 있었다.

➡ 그녀는 앞을 바라보았다.

➡ 그 호텔의 서비스는 좋다.

➡ 그 나라의 복지제도는 잘 운영되고 있지 않다.

➡ 이것은 주간 신문이다.

➡ 그는 잠시 동안 그 곳에 머물렀다.

➡ 그들은 노력한 보답을 받았다.

➡ 나는 2008년에 철학 박사 학위를 받았다.

1081 **attend**
[əténd] 동 출석하다

1082 **history**
[hístəri] 명 역사

1083 **terrible**
[térəbl] 형 끔찍한, 심한

1084 **height**
[hait] 명 키; 높이

1085 **boring**
[bɔ́:riŋ] 형 지루한

1086 **which**
[*h*witʃ] 대 어느 것[쪽]

1087 **event**
[ivént] 명 행사, 사건

1088 **prove**
[pru:v] 동 증명하다

1089 **round**
[raund] 형 둥근

1090 **glove**
[glʌv] 명 장갑

1091 **roughly**
[rʌ́fli] 부 대충; 거칠게

1092 **picture**
[píktʃə*r*] 명 그림; 사진

1093 **theater**
[θí:ətə*r*] 명 극장

1094 **science**
[sáiəns] 명 과학

1095 **same**
[seim] 형 같은

1096 **camp**
[kæmp] 명 야영, 캠프

1097 **chore**
[tʃɔ:*r*] 명 잡일

1098 **plate**
[pleit] 명 접시

1099 **reply**
[riplái] 동 대답하다

1100 **than**
[ðæn] 접 ~보다도

1101 **dentist**
[déntist] 명 치과의사

1102 **hang**
[hæŋ] 동 걸다

1103 **worry**
[wɔ́:ri] 동 걱정하다

1104 **alike**
[əláik] 부 마찬가지로

_______ a meeting
모임에 **참석하다**

a small _______
작은 **극장**

Korean _______
한국 **역사**

a teacher of _______
과학 선생님

a _______ accident
무시무시한 사고

at the _______ price
같은 가격으로

lose _______
고도를 낮추다

a ski-_______
스키**캠프**

have a _______ time
지루한 시간을 보내다

free women from house_______s
여성을 **가사**에서 해방하다

_______ is ~?
어느 것이 ~이니?

a round _______
둥근 **접시**

a big _______
큰 **사건**

_______ to a letter
편지에 **답장을 쓰다**

_______ conclusively
확실하게 **증명하다**

older _______ me
나**보다** 나이가 많다

a _______ table
둥근 탁자

go to the _______
치과에 가다

put on _______s
장갑을 끼다

_______ a coat on the hanger
옷걸이에 코트를 **걸다**

handle _______
거칠게 다루다

_______ about him
그에 대해서 **걱정하다**

draw a _______
그림을 그리다

treat all men _______
모든 사람을 **차별 없이** 대하다

He **attends** church services on Sundays.

He teaches **history** to us.

I had a **terrible** cold last week.

She's about my **height**.

He's such a **boring** person.

Which do you like better, apples or oranges?

The Olympics are a great **event**.

We can **prove** her innocence.

The earth is **round**.

I chose **gloves** for her.

They handled him **roughly**.

We took **pictures** of animals.

Is there a movie **theater** around here?

We study **science** at school.

She wears the **same** clothes every day.

It was a really interesting **camp**.

She finds shopping a **chore**.

He looked at the food on his **plate**.

She **replied** to my letter.

He is six inches taller **than** me.

The **dentist** pulled my tooth.

Hang my coat on the hanger.

Don't **worry**.

No two men think **alike**.

➡ 그는 일요일마다 교회 예배에 참석한다.

➡ 그는 우리에게 역사를 가르친다.

➡ 나는 지난 주 지독한 감기에 걸렸다.

➡ 그녀는 키가 거의 나만하다.

➡ 그는 무척 따분한 사람이다.

➡ 사과와 오렌지 중에서 어느 쪽을 더 좋아합니까?

➡ 올림픽은 큰 행사이다.

➡ 우리는 그녀의 결백을 입증할 수 있다.

➡ 지구는 둥글다.

➡ 나는 그녀를 위해 장갑을 골랐다.

➡ 그들은 그를 거칠게 대했다.

➡ 우리는 동물들의 사진을 찍었다.

➡ 이 근처에 극장이 있습니까?

➡ 우리는 학교에서 과학을 공부한다.

➡ 그녀는 매일 같은 옷을 입는다.

➡ 정말 재미있는 캠프였다.

➡ 그녀는 쇼핑을 귀찮아 한다.

➡ 그는 그의 접시에 있는 음식을 보았다.

➡ 그녀는 내 편지에 답장을 주었다.

➡ 그는 나보다 키가 6인치 더 크다.

➡ 치과의사가 내 이를 뽑았다.

➡ 옷걸이에 제 코트 좀 걸어 주세요.

➡ 걱정하지 마라.

➡ 두 사람의 생각이 같은 경우는 전혀 없다.

1105 **wake**
[weik] 동 잠이 깨다

1106 **chew**
[tʃuː] 동 씹다

1107 **anyone**
[éniwʌ̀n] 대 누군가, 누구든지

1108 **careful**
[kɛ́ərfəl] 형 주의 깊은, 조심스러운

1109 **finally**
[fáinəli] 부 최후에, 마침내

1110 **shout**
[ʃaut] 동 외치다, 큰소리로 부르다

1111 **hobby**
[hábi] 명 취미

1112 **adult**
[ədʌ́lt] 형 성인이 된; 어른의

1113 **money**
[mʌ́ni] 명 돈

1114 **stress**
[stres] 명 압박; 스트레스

1115 **pimple**
[pímpl] 명 여드름

1116 **mid-term**
[míd təːrm] 명형 중간(의)

1117 **carrot**
[kǽrət] 명 당근

1118 **onion**
[ʌ́njən] 명 양파

1119 **middle**
[mídl] 명 한가운데

1120 **couple**
[kʌ́pəl] 명 둘; 부부

1121 **officer**
[ɔ́ːfisər] 명 장교; 관리, 공무원

1122 **symbol**
[símbəl] 명 상징; 기호

1123 **depend**
[dipénd] 동 ~여하에 달려 있다; ~을 의지하다

1124 **among**
[əmʌ́ŋ] 전 ~중에

1125 **shelter**
[ʃéltər] 명 피난처 동 피난하다

1126 **ladder**
[lǽdər] 명 사다리

1127 **chimney**
[tʃímni] 명 굴뚝

1128 **snake**
[sneik] 명 뱀

_____ up early in the morning 아침 일찍 잠에서 **깨다**

_____ and stick
당근과 채찍

_____ gum
껌을 **씹다**

_____ soup
양파 수프

sing better than _____ else **누구**보다도 노래를 잘 부르다

the _____ of the road
도로의 **중앙**

_____ driving
조심스러운 운전

a _____ of apples
사과 **두** 개

get a job _____
마침내 직장을 구하다

a police _____
경찰**관**

_____ my name
내 이름을 **큰소리로 부르다**

the chemical _____
화학 **기호**

an expensive _____
돈이 많이 드는 **취미**

_____ on the weather
날씨에 **달려 있다**

an _____ disease
성인병

a house _____ the trees
나무들 **사이의** 집

change _____
환**전**하다

a _____ from the rain
비를 **피하는 곳**

physical _____
육체적 **스트레스**

climb a _____
사다리를 오르다

a _____d face
여드름 난 얼굴

factory _____s
공장 **굴뚝**

_____ exams
중간고사

_____s bite
뱀이 물다

Wake me up at six, please.

He began to chew on the net.

Is anyone absent?

She is very careful.

Finally, the game was over.

They shouted with joy.

What is your hobby?

An adult can get there in ten minutes on foot.

I have no money.

My headache is caused by stress.

What causes pimples?

My mid-term exam is only a couple of days away.

Carrots are good for making salad.

The soup tastes of onion.

There is a large table in the middle.

They are a newly married couple.

The officer returned the private's salute.

The dove is a symbol of peace.

I can depend on him.

Mary is the most beautiful girl among us.

He sought shelter at my house.

I climbed up the ladder to the roof.

The chimney is smoking.

She is very afraid of snakes.

➡ 여섯 시에 깨워 주십시오.

➡ 그는 망을 물어뜯기 시작했다.

➡ 누군가 결석했습니까?

➡ 그녀는 매우 주의 깊다.

➡ 드디어 경기가 끝났다.

➡ 그들은 기뻐서 소리를 질렀다.

➡ 당신의 취미는 무엇입니까?

➡ 어른의 발걸음으로 거기까지 10분 걸린다.

➡ 나는 돈이 하나도 없다.

➡ 내 두통은 스트레스 때문이다.

➡ 무엇이 여드름을 생기게 하니?

➡ 중간고사가 겨우 이틀 정도밖에 남지 않았다.

➡ 당근은 샐러드를 만들기에 좋다.

➡ 그 수프는 양파 맛이 난다.

➡ 한가운데에 큰 탁자가 있다.

➡ 그들은 신혼 부부이다.

➡ 장교는 사병의 경례에 답했다.

➡ 비둘기는 평화의 상징이다.

➡ 나는 그에게 의지할 수 있다.

➡ 우리들 중에서 메리가 제일 예쁘다.

➡ 그는 우리집으로 피난해 왔다.

➡ 나는 사다리를 타고 지붕에 올라갔다.

➡ 굴뚝에서 연기가 나고 있다.

➡ 그녀는 뱀을 몹시 무서워한다.

1129 **honey** [hʌ́ni] 명 (벌)꿀

1130 **bottom** [bátəm] 명 아랫부분, 밑바닥

1131 **recipe** [résəpiː] 명 조리법

1132 **wiper** [wáipər] 명 닦개, 와이퍼

1133 **without** [wiðáut] 전 ~없이

1134 **instead** [instéd] 부 그 대신에

1135 **collect** [kəlékt] 동 모으다, 수집하다

1136 **someone** [sʌ́mwʌ̀n] 대 누군가

1137 **already** [ɔːlrédi] 부 이미, 벌써

1138 **mess** [mes] 명 혼란, 엉망진창

1139 **sweep** [swiːp] 동 쓸다

1140 **ability** [əbíləti] 명 능력; 재능

1141 **sneeze** [sniːz] 명동 재채기(하다)

1142 **marine** [məríːn] 형 바다의

1143 **traffic** [trǽfik] 명 교통(량), 통행

1144 **dolphin** [dálfin] 명 돌고래

1145 **address** [ədrés] 명 주소

1146 **believe** [bilíːv] 동 믿다

1147 **festival** [féstəvəl] 명 축제(일)

1148 **foreign** [fɔ́ːrən] 형 외국의

1149 **number** [nʌ́mbər] 명 수, 숫자; 번호

1150 **member** [mémbər] 명 회원

1151 **receive** [risíːv] 동 받다

1152 **difficult** [dífikʌlt] 형 곤란한, 어려운

a ______ jar
꿀단지

coughs and ______s
기침과 재채기

the ______ of a river
강바닥

______ corps
해병대

a ______ for a cake
케이크 만드는 법

a ______ accident
교통사고

a windshield ______
차유리 와이퍼

______ oil
돌고래 기름

drink coffee ______ cream
크림 없이 커피를 마시다

an e-mail ______
전자 우편 주소

______ of my mother
어머니 대신에

______ his story
그의 이야기를 믿다

______ stamps
우표를 수집하다

a school ______
학교 축제

stare at ______
누군가를 빤히 쳐다보다

a ______ language
외국어

______ dark
이미 어두워진

a social security ______
주민 등록 번호

a ______ed-up room
지저분한 방

a ______ of the family
가족의 한 사람

______ up a room
방을 쓸다

______ a prize
상을 받다

a man of many ______es
다재다능한 사람

a ______ answer
어려운 대답

Honey eases cough.

Look at the **bottom** of page 20.

This is the **recipe** for tomato soup.

This **wiper** is out of order.

We can't live **without** water.

He ate an apple **instead** of a banana.

I **collected** old newspapers to recycle.

Someone is knocking on the door.

The giant was **already** fast asleep.

The dog is making a **mess** in the grass.

I'd like to **sweep** the floor.

The task exceeds his **ability**.

He let out a loud **sneeze**.

I want to be a **marine** biologist some day.

The **traffic** lights turned red.

Dolphins feed on fish.

I know her **address**.

I **believe** that he is honest.

They held a memorial **festival**.

It is fun to learn a **foreign** language.

The **number** of pupils is getting larger and larger.

She became a **member** of the club.

I **received** a letter from my friend.

I solved the **difficult** problems.

➡ 꿀은 기침에 좋다.

➡ 20페이지의 아랫부분을 보시오.

➡ 이것이 토마토 수프 요리법이다.

➡ 이 와이퍼는 고장이다.

➡ 우리는 물 없이 살 수 없다.

➡ 그는 바나나 대신 사과를 먹었다.

➡ 나는 지난 신문들을 재활용하기 위해 모았다.

➡ 누군가 문을 두드리고 있다.

➡ 그 거인은 이미 깊은 잠에 빠져 있었다.

➡ 개가 잔디밭을 엉망으로 만들고 있다.

➡ 나는 바닥을 쓸고 싶어.

➡ 그의 능력으로는 그 일을 할 수 없다.

➡ 그가 크게 재채기를 했다.

➡ 나는 언젠가 해양 생물학자가 되고 싶다.

➡ 교통 신호등이 빨간색으로 바뀌었다.

➡ 돌고래는 물고기를 먹고 산다.

➡ 나는 그녀의 주소를 안다.

➡ 나는 그가 정직하다고 믿는다.

➡ 그들은 기념 축제를 열었다.

➡ 외국어를 배우는 것은 재미있다.

➡ 학생의 수는 점점 늘고 있다.

➡ 그녀는 그 클럽의 회원이 되었다.

➡ 나는 내 친구에게서 편지를 받았다.

➡ 나는 어려운 문제들을 풀었다.

1153 **senior**
[síːnjər] 형 손위의 명 연장자

1154 **certain**
[sə́ːrtn] 형 확실한; 어떤

1155 **candle**
[kǽndl] 명 양초

1156 **oyster**
[ɔ́istər] 명 굴

1157 **valley**
[vǽli] 명 골짜기, 계곡

1158 **token**
[tóukən] 명 표; 표시

1159 **create**
[kriéit] 동 창조하다

1160 **native**
[néitiv] 형 타고난; 태어난

1161 **billion**
[bíljən] 명형 10억(의)

1162 **official**
[əfíʃəl] 형 공적인; 공식의

1163 **airport**
[ɛ́ərpɔ̀ːrt] 명 공항

1164 **publish**
[pʌ́bliʃ] 동 발표하다; 출판하다

1165 **reason**
[ríːzn] 명 이유, 원인

1166 **intend**
[inténd] 동 ~할 작정이다; 의도하다

1167 **society**
[səsáiəti] 명 사회; 협회

1168 **monkey**
[mʌ́ŋki] 명 원숭이

1169 **uniform**
[júːnifɔ̀ːrm] 명 제복, 유니폼

1170 **deliver**
[dilívər] 동 배달하다

1171 **dialog**
[dáiəlɔ̀ːg] 명동 대화(하다)

1172 **except**
[iksépt] 전 ~을 제외하고는

1173 **popular**
[pápjulər] 형 인기 있는; 대중적인

1174 **furniture**
[fə́ːrnitʃər] 명 가구

1175 **kitchen**
[kítʃin] 명 부엌

1176 **stamp**
[stæmp] 명 우표

_______ classes
상급

the _______ for his success
그의 성공 이유

be _______ of winning the game 시합에서 이기리라고 확신하다

_______ to go
갈 생각이다

light a _______
초에 불을 붙이다

a member of _______
사회의 일원

an _______ farm
굴 양식장

a trained _______
길들인 원숭이

a deep _______
깊숙한 골짜기

wear a _______
유니폼을 입다

a _______ of thanks
감사의 표시

_______ a package
소포를 배달하다

_______ confusion
혼란을 일으키다

the _______s of Platon
플라톤의 대화편

a _______ talent
타고난 재능

everyone _______ one
한 사람만 제외하고 모두

5 _______ dollars
5십억 달러

a _______ novel
대중적인 소설

_______ duties
공무

antique _______
골동품 가구

meet at the _______
공항에서 만나다

cook in the _______
부엌에서 요리하다

_______ the news
소식을 알리다

stick a _______
우표를 붙이다

He is eight years my **senior**.

A **certain** person called on you yesterday.

She put ten **candles** on the birthday cake.

Oysters are the best when in season.

I went down to the **valley**, and crossed the river.

He gave her a ring as a **token** of his love.

The air circulation **creates** wind.

He returned to his **native** country.

There are nine zeroes in a **billion**.

The President is in Japan for an **official** two-day visit.

Do you know where the **airport** is?

They **published** the book.

She suddenly left without any **reason**.

I **intend** to go there.

The **society** was set up in 2000.

Monkeys climb trees well.

Wear your **uniforms** in school.

The letter was **delivered** at the wrong address.

The novel's **dialog** is very funny.

We go to school every day **except** Sunday.

Tom is **popular** with children.

I like modern-style **furniture**.

Mother cooks in the **kitchen**.

I am collecting **stamps**.

➡ 그는 나보다 8살 연상이다.

➡ 어떤 사람이 어제 너를 찾아왔다.

➡ 그녀는 생일 케이크 위에 열 개의 초를 꽂았다.

➡ 굴은 제철에 가장 맛있다.

➡ 나는 계곡을 내려간 다음 강을 건넜다.

➡ 그는 사랑의 징표로 그녀에게 반지를 주었다.

➡ 공기의 순환은 바람을 일으킨다.

➡ 그는 고국으로 돌아갔다.

➡ 10억에는 0이 9개 있다.

➡ 대통령은 지금 이틀간의 공식 방문차 일본에 있다.

➡ 공항이 어디에 있는지 아십니까?

➡ 그들은 그 책을 출판했다.

➡ 그녀는 별 이유 없이 갑자기 떠났다.

➡ 나는 거기 갈 작정이다.

➡ 그 협회는 2000년에 설립되었다.

➡ 원숭이는 나무에 잘 오른다.

➡ 학교에서는 교복을 입어라.

➡ 그 편지는 엉뚱한 주소로 배달되었다.

➡ 그 소설의 대화는 아주 재미있다.

➡ 우리는 일요일을 빼고는 매일 학교에 간다.

➡ 탐은 아이들에게 인기가 있다.

➡ 나는 현대적인 가구를 좋아한다.

➡ 어머니께서는 부엌에서 요리를 하신다.

➡ 나는 우표를 수집하고 있다.

1177 **recycle**
[rìːsáikl] 동 재활용하다

1178 **hospital**
[háspitl] 명 병원

1179 **wisdom**
[wízdəm] 명 현명, 지혜

1180 **emperor**
[émpərər] 명 황제

1181 **capital**
[kǽpitl] 명 수도

1182 **imagine**
[imǽdʒin] 동 상상하다

1183 **diligent**
[dílidʒənt] 형 근면한

1184 **remove**
[rimúːv] 동 제거하다; 옮기다

1185 **prepare**
[pripέər] 동 준비하다

1186 **outside**
[àutsáid] 부 바깥에

1187 **several**
[sévərəl] 형 몇 개의

1188 **radish**
[rǽdiʃ] 명 무

1189 **harvest**
[háːrvist] 명동 수확(하다)

1190 **cabbage**
[kǽbidʒ] 명 양배추

1191 **improve**
[imprúːv] 동 개량하다; 나아지다

1192 **material**
[mətíəriəl] 명 재료 형 물질의

1193 **tomorrow**
[təmɔ́rəu] 명 내일

1194 **turkey**
[tə́ːrki] 명 칠면조

1195 **soccer**
[sákər] 명 축구

1196 **protect**
[prətékt] 동 지키다, 보호하다

1197 **anytime**
[énitàim] 부 언제든지

1198 **curious**
[kjúəriəs] 형 호기심 있는; 진기한

1199 **almost**
[ɔ́ːlmoust] 부 거의, 대부분

1200 **stretch**
[stretʃ] 동 퍼지다, 뻗치다

_______ newspapers
신문지를 **재활용하다**

a general _______
종합 **병원**

a fountain of _______
지혜의 샘

_______ worship
황제 숭배

the _______ of Korea
한국의 **수도**

_______ the scene clearly
그 장면을 선명하게 **상상하다**

a _______ student
성실한 학생

_______ furniture
이삿짐을 **운반하다**

_______ for a trip
여행 **준비를 하다**

play _______
밖에서 놀다

_______ fish
몇 마리의 물고기

wash a _______
무를 씻다

a good _______
풍작

salted _______
절인 **배추**

_______ my English
영어를 **향상시키다**

_______ civilization
물질문명

_______ evening
내일 저녁

roast a _______
칠면조를 굽다

play _______
축구를 하다

_______ a child
아이를 **보호하다**

leave _______
아무 때나 떠나다

a _______ sight
기이한 광경

be _______ ready
거의 준비가 되다

_______ out one's arm
팔을 **뻗다**

We should **recycle** used things.

Mom took me to the **hospital**.

I think **wisdom** is the most important to a king.

He was a Roman **Emperor**.

London is the **capital** of England.

I can't **imagine** who said such a thing.

He is more **diligent** than his brother.

Could you see if you can **remove** it?

Mother is **preparing** breakfast in the kitchen.

It's quite dark **outside**.

He has **several** shirts.

The rabbit is eating a **radish**.

Autumn is the **harvest** season.

I like a **cabbage**.

You must **improve** your reading.

This house is built of good **materials**.

I am going to leave **tomorrow**.

A female **turkey** is a hen.

Soccer first started in England.

She wore sunglasses to **protect** her eyes from the sun.

Please call on me **anytime**.

He is **curious** about everything.

It's **almost** time for the train to leave.

The player **stretched** out his arms to catch the ball.

➡ 우리는 중고품들을 재활용해야 한다.

➡ 엄마는 나를 데리고 병원에 갔다.

➡ 나는 지혜가 왕에게 가장 중요하다고 생각해.

➡ 그는 로마 황제였다.

➡ 런던은 영국의 수도이다.

➡ 그런 말을 누가 했는지 상상할 수 없다.

➡ 그는 그의 동생보다 더 근면하다.

➡ 그것을 제거해 주실 수 있는지 봐주시겠어요?

➡ 어머니가 부엌에서 아침밥을 짓고 계시다.

➡ 바깥은 꽤 어둡다.

➡ 그는 몇 벌의 셔츠가 있다.

➡ 토끼가 무를 먹고 있다.

➡ 가을은 추수의 계절이다.

➡ 나는 양배추를 좋아한다.

➡ 너는 읽는 법을 개선해야 한다.

➡ 이 집은 좋은 재료를 썼다.

➡ 나는 내일 떠날 것이다.

➡ 암컷 칠면조는 hen이라고 한다.

➡ 축구는 영국에서 최초로 시작되었다.

➡ 그녀는 햇빛으로부터 그녀의 눈을 보호하기 위해 선글라스를 썼다.

➡ 언제든지 방문해 주십시오.

➡ 그는 모든 것에 호기심이 있다.

➡ 기차가 거의 출발할 시간이다.

➡ 그 선수는 공을 잡으려고 팔을 뻗쳤다.

1201 **tour** [túər] 명동 여행(하다)

1202 **honesty** [ánisti] 명 정직

1203 **seaside** [sí:sàid] 명형 해안(의)

1204 **respect** [rispékt] 동 존경하다; 존중하다

1205 **window** [wíndou] 명 창문

1206 **envelope** [énvəlòup] 명 봉투

1207 **jealous** [dʒéləs] 형 샘 많은

1208 **greedy** [grí:di] 형 욕심 많은

1209 **membership** [mémbərʃìp] 명 회원임; 회원권

1210 **accident** [ǽksidənt] 명 사고, 뜻밖의 일

1211 **anyway** [éniwèi] 부 아무튼

1212 **cancer** [kǽnsər] 명 암

1213 **female** [fí:meil] 명형 여성(의)

1214 **shame** [ʃeim] 명 부끄러움

1215 **painful** [péinfəl] 형 아픈

1216 **recent** [rí:snt] 형 최근의

1217 **princess** [prínses] 명 공주

1218 **license** [láisəns] 명 면허

1219 **garage** [gərá:dʒ] 명 (자동차) 차고

1220 **forgive** [fərgív] 동 용서하다

1221 **shadow** [ʃǽdou] 명 그림자

1222 **impolite** [ìmpəláit] 형 무례한

1223 **unclear** [ʌnklíər] 형 불분명한, 모호한

1224 **canvas** [kǽnvəs] 명 캔버스

a 5-day ______ of Korea
5일간의 한국 여행

a ______ student
여학생

a man of ______
정직한 사람

an awful ______
엄청난 수치

a ______ villa
해변의 별장

a ______ experience
고통스러운 경험

______ my parents
부모님을 존경하다

a ______ event
최근의 행사

look out of the ______
창밖을 내다 보다

a singing ______
노래하는 공주

a letter ______
편지 봉투

a term of ______
면허 기간

a ______ husband
질투심 많은 남편

put a car into a ______
자동차를 차고에 넣다

______ for money and power 돈과 권력을 탐하는

______ one's enemies
적을 용서하다

a ______ card
회원증

a black ______
검은 그림자

a car ______
자동차 사고

an ______ word
무례한 말

Thank you ______.
어쨌든 감사합니다.

an ______ explanation
모호한 설명

lung ______
폐암

______ bags
캔버스 천으로 된 가방

She went on a **tour** to France.

His **honesty** was proved.

The **seaside** was full of people.

Our teacher is **respected** by every pupil.

He opened the **window**.

May I have the stamps on this **envelope**?

He is **jealous** of my success.

He is **greedy** for money and power.

Membership costs $10 per year.

When did the **accident** occur?

The water was cold but I had a bath **anyway**.

He died of lung **cancer**.

I've never seen a **female** fire fighter before.

Her face burned with **shame**.

My ankle is **painful**.

He is not interested in **recent** news.

The prince rescued the **princess**.

I got a driver's **license** when I was 18.

The car is in the **garage**.

Please **forgive** me.

Our **shadows** are on the wall.

It is **impolite** of you to ignore his invitation.

The meaning of his message was **unclear**.

He was painting on a **canvas**.

➡ 그녀는 프랑스로 관광을 갔다.

➡ 그의 정직함이 증명되었다.

➡ 해변은 사람들로 만원이었다.

➡ 우리 선생님은 모든 학생의 존경을 받고 있다.

➡ 그는 창문을 열었다.

➡ 이 봉투에 붙은 우표를 가져도 됩니까?

➡ 그는 나의 성공을 질투하고 있다.

➡ 그는 돈과 권력에 탐욕을 부린다.

➡ 회비는 1년에 10달러이다.

➡ 그 사고는 언제 발생했습니까?

➡ 물이 차가웠지만 그래도 나는 목욕을 했다.

➡ 그는 폐암으로 사망했다.

➡ 나는 여자 소방관을 본 적이 없다.

➡ 그녀는 창피해서 얼굴이 벌개졌다.

➡ 내 발목이 아프다.

➡ 그는 최근 뉴스에 관심이 없다.

➡ 왕자는 공주를 구했다.

➡ 나는 18살 때 운전면허증을 땄다.

➡ 그 차는 차고에 있다.

➡ 나를 용서해 줘.

➡ 우리들의 그림자가 벽에 비치고 있다.

➡ 네가 그의 초대를 무시하는 것은 실례가 된다.

➡ 그의 메시지의 의미는 불명확했다.

➡ 그는 캔버스에 그림을 그리고 있었다.

1225 **village** [vílidʒ] 명 마을

1226 **agency** [éidʒənsi] 명 대행사

1227 **railway** [réilwèi] 명형 <영>철도(의)

1228 **declare** [diklέər] 동 선언[발표]하다

1229 **endure** [indjúər] 동 참다; 견디다

1230 **interact** [ìntərǽkt] 동 상호작용하다

1231 **debate** [dibéit] 명동 토론(하다)

1232 **current** [kə́:rənt] 형 지금의

1233 **through** [θru:] 전 ~을 통해서

1234 **anxious** [ǽŋkʃəs] 형 걱정하는

1235 **manage** [mǽnidʒ] 동 경영하다, 다루다

1236 **tongue** [tʌŋ] 명 혀; 언어

1237 **season** [sí:zn] 명 계절

1238 **attack** [ətǽk] 명동 공격(하다)

1239 **martial** [má:rʃəl] 형 무술의

1240 **enemy** [énəmi] 명 적, 원수

1241 **fashion** [fǽʃən] 명 패션, 유행

1242 **cousin** [kʌ́zn] 명 사촌

1243 **illness** [ílnis] 명 병

1244 **inherit** [inhérit] 동 상속하다

1245 **Pacific** [pəsífik] 명 태평양

1246 **public** [pʌ́blik] 형 공중의, 공공의

1247 **ancient** [éinʃənt] 형 옛날의, 고대의

1248 **inside** [ìnsáid] 부 내부에, 안쪽에

a quiet ______
조용한 **마을**

the hockey ______
하키 **시즌**

an advertising ______
광고 **대행사**

a missile ______
미사일 **공격**

a ______ engineer
철도 기사

______ arts
무술

______ a state of emergency 긴급 사태를 **선언하다**

an ______ of freedom
자유의 **적**

______ toothache
치통을 **참다**

a ______ sense
패션 감각

ideas that ______
상호 교류하는 생각

a distant ______
먼 **친척**

the question under ______
논쟁 중인 문제

bodily ______
육체적인 **병**

the ______ situation
현재 상황

______ an estate
토지를 **상속하다**

run ______ the field
들판을 **가로질러** 달리다

sail the ______
태평양을 항해하다

an ______ look
걱정스러운 얼굴

a ______ bath
공중목욕탕

______ the child
아이를 **잘 다루다**

______ civilization
고대 문명

a mother ______
모국**어**

come ______
안으로 들어오다

I was born in a small **village**.

He runs an advertising **agency**.

He stood on the **railway** platform.

He **declared** that he would do it.

I can't **endure** it any more.

All systems won't **interact** as planned.

The **debate** was about how to keep pets.

She is interested in **current** topics.

Water flows **through** this pipe.

I'm **anxious** about his health.

He has **managed** a hotel for 10 years.

She greeted us in a strange **tongue**.

There are four **seasons** in a year.

They made a fierce **attack**.

Taekwondo is one of oriental **martial** arts.

He is my worst **enemy**.

Mini skirts are in **fashion**.

My **cousin** swims well.

His **illness** is serious.

She **inherited** the property from her uncle.

The **Pacific** is bigger than the continent of Asia.

The old palace is open to the **public**.

He enjoys reading **ancient** Korean history.

The ducks were put **inside** the fence.

➡ 나는 작은 마을에서 태어났다.

➡ 그는 광고 회사를 운영한다.

➡ 그는 기차 승강장에 서 있었다.

➡ 그는 자기가 그 일을 하겠다고 선언했다.

➡ 나는 더 이상 그것을 참을 수 없다.

➡ 모든 시스템이 계획대로 상호작용하지 않을 것이다.

➡ 토론은 애완동물을 키우는 방법에 관한 것이었다.

➡ 그녀는 시사 문제에 관심이 있다.

➡ 물은 이 관을 통해 흐른다.

➡ 그의 건강이 걱정스럽다.

➡ 그는 십년 간 호텔을 경영했다.

➡ 그녀는 우리에게 이상한 언어로 인사를 했다.

➡ 일 년에 사계절이 있다.

➡ 그들은 격렬한 공격을 했다.

➡ 태권도는 동양 무술 중 하나이다.

➡ 그는 나의 가장 나쁜 적이다.

➡ 미니스커트가 유행 중이다.

➡ 내 사촌은 수영을 잘한다.

➡ 그의 병은 심각하다.

➡ 그녀는 삼촌의 재산을 상속했다.

➡ 태평양은 아시아 대륙보다 더 크다.

➡ 그 고궁은 대중에게 개방되어 있다.

➡ 그는 고대 한국의 역사를 읽는 것을 좋아한다.

➡ 오리가 울타리 안에 넣어졌다.

1249 **position**
[pəzíʃən] 명 위치; 입장; 자세

1250 **satisfy**
[sǽtisfai] 동 만족시키다

1251 **market**
[máːrkit] 명 시장

1252 **amount**
[əmáunt] 동 (금액이) ~이 되다 명 금액; 양

1253 **chapter**
[tʃǽptər] 명 (책·논문 등의) 장

1254 **discuss**
[diskʌ́s] 동 토론[논의]하다

1255 **whether**
[(h)wéðər] 접 ~인지 아닌지

1256 **contain**
[kəntéin] 동 포함하다

1257 **contact**
[kántækt] 명 접촉; 연락

1258 **definite**
[défənit] 형 뚜렷한

1259 **stranger**
[stréindʒər] 명 낯선 사람

1260 **wooden**
[wúdn] 형 나무의

1261 **suddenly**
[sʌ́dnli] 부 갑자기

1262 **breathe**
[briːð] 동 호흡하다

1263 **viewpoint**
[vjúːpɔ̀int] 명 견해; 관점

1264 **musician**
[mjuːzíʃən] 명 음악가

1265 **college**
[kálidʒ] 명 (단과) 대학

1266 **genius**
[dʒíːnjəs] 명 천재

1267 **waitress**
[wéitris] 명 웨이트리스

1268 **response**
[rispáns] 명 대답

1269 **therefore**
[ðέərfɔ̀ːr] 부 그런 까닭에, 따라서

1270 **language**
[lǽŋgwidʒ] 명 언어, 말

1271 **butterfly**
[bʌ́tərflài] 명 나비

1272 **championship**
[tʃǽmpiənʃip] 명 선수권, 우승

a comfortable ______
편안한 **자세**

stop ______
갑자기 멈추다

______ one's hunger
허기를 **채우다**

______ fresh air
신선한 공기를 **들이마시다**

a food ______
식료품 **시장**

a religious ______
종교적 **견해**

a large ______ of sugar
다**량**의 설탕

a great ______
위대한 **음악가**

the first ______
제 1**장**

a ______ student
대학생

______ the world situation
세계정세를 **논하다**

a comic ______
코미디 **천재**

______ it rains or not
비가 **오건 안 오건**

an unfriendly ______
불친절한 **웨이트리스**

______ vitamin
비타민을 **함유하다**

give a ______
대답하다

physical ______
신체 **접촉**

I think, ______ I exist.
나는 생각한다, **고로** 나는 존재한다.

a ______ answer
확답

learn a foreign ______
외국**어**를 배우다

a total ______
전혀 **모르는 사람**

fly like a ______
나비처럼 날다

a ______ hammer
나무망치

a world ______
세계 **선수권**

This is an important **position**.

The meal **satisfied** him.

Corn is available in the **market**.

There was a large **amount** of information.

This book consists of 14 **chapters**.

Newspapers **discuss** the topics of the day.

I don't know **whether** it's true or not.

It **contains** no maps.

He made **contact** with them.

The laws have had a **definite** effect.

I found a **stranger** standing at the gate.

We live in a **wooden** house.

Suddenly she screamed.

We can **breathe** fresh air in the country.

There is a wide gap between the **viewpoints** of the two.

He is a famous **musician**.

My brother goes to **college**.

Einstein was a **genius**.

The **waitress** served the salad.

She made no **response**.

I was ill, **therefore** I could not go.

English is an international **language**.

Butterflies are flying around the flower.

He won the **championship**.

➡ 이 자리는 중요한 자리이다.

➡ 그는 그 식사에 만족했다.

➡ 옥수수는 시장에서 살 수 있다.

➡ 많은 양의 정보가 있었다.

➡ 이 책은 14장으로 이루어져 있다.

➡ 신문들은 당일의 화제들에 대해 논한다.

➡ 나는 그것이 사실인지 아닌지 모르겠다.

➡ 그것은 지도들을 포함하지 않는다.

➡ 그는 그들과 연락을 했다.

➡ 그 법률은 분명한 효과를 가져왔다.

➡ 나는 문 앞에 낯선 사람이 한 사람 서 있는 것을 보았다.

➡ 우리는 목조 가옥에서 산다.

➡ 갑자기 그녀는 소리쳤다.

➡ 시골에서는 신선한 공기를 호흡할 수 있다.

➡ 두 사람의 견해에는 큰 차이가 있다.

➡ 그는 유명한 음악가이다.

➡ 나의 형은 대학에 다닌다.

➡ 아인슈타인은 천재였다.

➡ 여종업원은 샐러드를 내왔다.

➡ 그녀는 응답이 없었다.

➡ 나는 아파서 갈 수 없었다.

➡ 영어는 국제어이다.

➡ 나비들이 꽃 주위를 날고 있다.

➡ 그는 우승했다.

1273 **multiply** [mʌ́ltiplài] 동 번식하다; 곱하다

1274 **subtract** [səbtrǽkt] 동 빼다

1275 **journey** [dʒə́:rni] 명동 여행(하다)

1276 **success** [səksés] 명 성공

1277 **continue** [kəntínju:] 동 계속하다, 연속하다

1278 **suppose** [səpóuz] 동 추측하다

1279 **column** [káləm] 명 기둥; 칼럼

1280 **classical** [klǽsikəl] 형 고전의

1281 **cucumber** [kjú:kəmbər] 명 오이

1282 **package** [pǽkidʒ] 명 소포

1283 **memory** [méməri] 명 기억(력)

1284 **university** [jù:nəvə́:rsəti] 명 (종합)대학교

1285 **average** [ǽvəridʒ] 명형 평균(의)

1286 **observe** [əbzə́:rv] 동 관찰하다; 지키다

1287 **vegetable** [védʒətəbl] 명 야채, 채소

1288 **possible** [pásəbl] 형 가능한

1289 **purpose** [pə́:rpəs] 명 목적, 의도

1290 **discover** [diskʌ́vər] 동 발견하다, 알게 되다

1291 **weapon** [wépən] 명 무기

1292 **unhappy** [ʌnhǽpi] 형 불행한, 슬픈

1293 **chopstick** [tʃápstìk] 명 젓가락

1294 **impressive** [imprésiv] 형 강한 인상을 주는, 감동적인

1295 **ashamed** [əʃéimd] 형 부끄러워하는

1296 **personal** [pə́rsənl] 형 개인의

_____ five by ten
5에 10을 **곱하다**

above _____
평균 이상으로

learn how to add and _____
덧셈과 **뺄셈**을 배우다

_____ rules
규칙을 **지키다**

a _____ into the country
시골 **여행**

a _____ diet
채식

great _____
대**성공**

_____ solutions
가능한 해결책

_____ the story
이야기를 **계속하다**

_____ of the visit
방문 **목적**

_____ he will come
그가 올 것이**라고 생각하다**

_____ an island
섬을 **발견하다**

a fashion _____
패션 **칼럼**

a deadly _____
흉**기**

_____ music
클래식 음악

an _____ death
불행한 죽음

peel a _____
오이 껍질을 벗기다

use _____s
젓가락을 사용하다

deliver a _____
소포를 배달하다

an _____ scene
감동적인 광경

a good _____
좋은 **기억**

be _____ of being poor
가난을 **부끄러워하다**

study at _____
대학에서 공부하다

a _____ opinion
개인적인 의견

Rats **multiply** rapidly.

Subtract eight from thirteen.

They continued their **journey**.

He is sure of **success**.

The rain **continued** all day.

Let's **suppose** he is right.

The **column** was made of white marble.

He is a **classical** dancer.

She pickled **cucumber** in vinegar.

He undid the **package**.

She has a bad **memory**.

My brother goes to the **university**.

She's about **average** height.

You must **observe** the rules.

These are fresh **vegetables**.

It is **possible** to reach the top of the mountain.

What is the **purpose** of studying English?

Columbus **discovered** America.

It is a **weapon** which is used to attack tanks.

She looked **unhappy**.

He didn't know how to use **chopsticks**.

The movie was very **impressive**.

I was **ashamed** of my deed.

It's for my **personal** use.

➡ 쥐는 빨리 번식한다.

➡ 13에서 8을 빼라.

➡ 그들은 여행을 계속했다.

➡ 그는 자신의 성공을 확신한다.

➡ 비는 종일 계속해서 내렸다.

➡ 그가 옳다고 가정하자.

➡ 그 기둥은 흰 대리석으로 만들었다.

➡ 그는 고전 무용수다.

➡ 그녀는 오이를 식초에 절였다.

➡ 그는 포장을 다시 풀었다.

➡ 그녀는 기억력이 나쁘다.

➡ 나의 오빠는 대학에 다닌다.

➡ 그녀는 키가 보통이다.

➡ 규칙을 지켜야 한다.

➡ 이것들은 신선한 채소이다.

➡ 그 산꼭대기에 도달하는 것은 가능하다.

➡ 영어를 공부하는 목적은 무엇입니까?

➡ 콜럼버스는 아메리카를 발견했다.

➡ 그것은 탱크를 공격하는 데 사용되는 무기이다.

➡ 그녀는 불행해 보였다.

➡ 그는 젓가락 사용법을 몰랐다.

➡ 그 영화는 매우 인상적이었다.

➡ 나는 나의 행동이 부끄러웠다.

➡ 그것은 내 개인용 물건이다.

1297 **usable**
[jú:zəbl] 형 쓸 수 있는

1298 **electricity**
[ilèktrísəti] 명 전기

1299 **bathroom**
[bǽθrù:m] 명 욕실; (집의) 화장실

1300 **question**
[kwéstʃən] 명 질문

1301 **sensitive**
[sénsətiv] 형 민감한, 예민한

1302 **strange**
[streindʒ] 형 이상한; 낯선

1303 **stream**
[stri:m] 명 흐름, 내

1304 **exercise**
[éksərsàiz] 명 운동; 연습

1305 **spend**
[spend] 동 쓰다

1306 **lately**
[léitli] 부 요즈음, 최근에

1307 **refresh**
[rifréʃ] 동 상쾌하게 하다

1308 **develop**
[divéləp] 동 발달하다[시키다]

1309 **provide**
[prəváid] 동 주다, 공급하다

1310 **alphabet**
[ǽlfəbèt] 명 알파벳

1311 **operate**
[ápərèit] 동 작동하다; 수술하다

1312 **rescue**
[réskju:] 명동 구조(하다)

1313 **minute**
[mínit] 명 분; 잠깐

1314 **channel**
[tʃǽnl] 명 해협; 채널

1315 **frighten**
[fráitn] 동 놀라게 하다

1316 **attitude**
[ǽtitjù:d] 명 (사람·물건에 대한) 태도

1317 **actually**
[ǽktʃuəli] 부 현실로, 실제로

1318 **usually**
[jú:ʒuəli] 부 보통, 흔히

1319 **include**
[inklú:d] 동 포함하다

1320 **scientist**
[sáiəntist] 명 과학자

_______ office space
사무실로 **사용 가능한** 공간

_______ a topic for discussion 토론의 주제를 **제공하다**

the generation of _______
전기의 발생

say the _______ backward
알파벳을 거꾸로 말하다

wash hands in the _______
욕실에서 손을 씻다

_______ machinery
기계를 **작동하다**

ask a _______
질문하다

attempt a _______
구출을 시도하다

a _______ ear
예민한 귀

five _______s to three
3시 5**분** 전

a _______ sound
이상한 소리

a cable _______
케이블 **채널**

cross a _______
내를 건너다

_______ a cat away
고양이를 **놀라게 하여** 쫓다

hard _______
심한 **연습**

healthy _______s
건전한 **태도**

_______ a lot of money on books 책 사는 데 많은 돈을 **쓰다**

not _______
사실은 아니다

till _______
최근까지

_______ get up at six
보통 6시에 일어나다

_______ one's memory
기억을 **되살리다**

all charges _______ed
모든 요금을 **포함하여**

_______ muscles
근육을 **발달시키다**

a great _______
위대한 **과학자**

As a result, junk yards are filled with still-**usable** items.

The **electricity** has gone off.

Where is the **bathroom**?

Do you have any **questions**?

The eye is **sensitive** to light.

Her manner is very **strange**.

We went to the **stream** to catch fish.

Swimming is good **exercise**.

I **spent** ten dollars at the store.

I haven't seen Jane **lately**.

The long sleep **refreshed** her.

He **developed** his mind and body.

Bees **provide** honey.

There are twenty-six letters in the English **alphabet**.

The doctor **operated** on my stomach.

They went to her **rescue**.

One **minute** is sixty seconds.

To cross the English **Channel**, you have to fly or sail.

I **frightened** her in the dark.

I don't like his **attitude** toward my husband.

Actually she taught me Korean last year.

He **usually** eats bread for breakfast.

The class **includes** several foreign students.

I want to be a **scientist**.

➡ 결과적으로, 쓰레기장은 사용 가능한 물품으로 가득 차 있다.

➡ 전기가 나갔다.

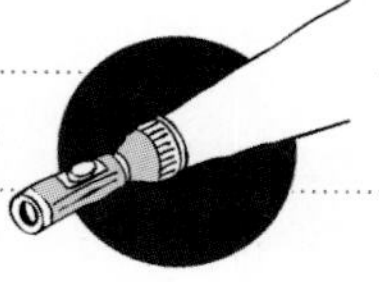

➡ 화장실은 어디에 있습니까?

➡ 질문 있습니까?

➡ 눈은 빛에 민감하다.

➡ 그녀의 태도는 아주 이상하다.

➡ 우리는 고기를 잡으러 개울에 갔다.

➡ 수영은 좋은 운동이다.

➡ 나는 그 가게에서 10달러를 썼다.

➡ 난 최근에 제인을 못 봤다.

➡ 오래 자고 나자 그녀는 기분이 상쾌해졌다.

➡ 그는 심신을 발달시켰다.

➡ 꿀벌들은 우리에게 꿀을 준다.

➡ 영어 알파벳에는 26자가 있다.

➡ 의사는 내 위를 수술했다.

➡ 그들은 그녀를 구조하려고 갔다.

➡ 1분은 60초이다.

➡ 영국해협을 건너기 위해서는 비행기나 배를 타야 한다.

➡ 나는 어둠 속에서 그녀를 놀라게 했다.

➡ 나는 나의 남편에 대한 그의 태도가 마음에 들지 않는다.

➡ 사실 그분은 작년에 저에게 국어를 가르치셨습니다.

➡ 그는 아침식사로 흔히 빵을 먹는다.

➡ 그 학급은 몇몇의 외국인 학생을 포함하고 있다.

➡ 나는 과학자가 되고 싶다.

1321 **sentence** [séntəns] 명 문장

1322 **delicious** [dilíʃəs] 형 맛있는

1323 **pound** [paund] 명 파운드<무게, 영국화폐 단위>

1324 **pepper** [pépər] 명 후추; 고추

1325 **showcase** [ʃóukeis] 명 진열장; 시험 무대

1326 **container** [kəntéinər] 명 그릇; 용기

1327 **guideline** [gáidlàin] 명 지침

1328 **difficulty** [dífikʌlti] 명 곤란; 어려움

1329 **entrance** [éntrəns] 명 입구; 입학

1330 **nervous** [nə́ːrvəs] 형 신경의; 초조한

1331 **blacksmith** [blǽksmìθ] 명 대장장이

1332 **western** [wéstərn] 형 서쪽의

1333 **conquer** [kɔ́ŋkər] 동 정복하다

1334 **neighbor** [néibər] 명 이웃, 이웃사람

1335 **instructor** [instrʌ́ktər] 명 교사

1336 **operation** [àpəréiʃən] 명 작용; 작동; 수술

1337 **although** [ɔːlðóu] 접 비록 ~일지라도

1338 **difference** [dífərəns] 명 다름, 차이

1339 **probably** [prábəbli] 부 아마도, 다분히

1340 **pleasant** [pléznt] 형 즐거운

1341 **distance** [dístəns] 명 간격, 거리

1342 **nowhere** [nóuhwὲər] 부 아무 데도 ~없다

1343 **gentleman** [ʤéntlmən] 명 남자, 신사

1344 **newcomer** [njúːkʌmər] 명 새로 온 사람

a negative ______
부정문

______ an enemy
적을 정복하다

a ______ apple
맛있는 사과

talk with a ______
이웃과 이야기하다

a ______ of sugar
1파운드 설탕

a driving ______
운전 강사

red ______
붉은 고추

the ______ of elevators
엘리베이터의 작동

a ______ for his talents
그의 재능을 보여줄 무대

______ it was very hot
무척 더웠지만

a plastic ______
플라스틱 용기

a big ______
큰 차이

follow the ______s
지침을 따르다

______ right
아마도 옳은

learning ______es
학습 장애

a ______ wind
상쾌한 바람

the front ______
정면 입구

a short ______
근거리

be ______ about the exam
시험 때문에 초조하다

______ to go
갈 곳이 없다

a ______ shoeing a pony
조랑말에게 편자를 박아주는 대장장이

a tall ______
키가 큰 신사

______ style
서양식

a promising ______
유망한 신참

Read the **sentence**, please.

Mother cooked **delicious** food.

I have two **pounds** in my purse.

Pepper makes food hot.

The clerk led me to the **showcase** with the diamonds in it.

The **container** is full of corn.

Have you read the new policy **guidelines**?

I appreciate your **difficulty**.

I passed a college **entrance** examination.

I am always **nervous** before giving a speech.

A **blacksmith** works with iron.

He lives in the **western** part of this city.

He wants to **conquer** the world.

He is my **neighbor**.

She is a driving **instructor**.

I regained my sight after the **operation**.

Although he is very poor, he is honest.

It doesn't make any **difference**.

It will **probably** rain.

We had a **pleasant** time.

What is the **distance** from here to Chicago?

I got lost in the middle of **nowhere**.

Good morning, ladies and **gentlemen**.

We are friends with the **newcomer**.

➡ 그 문장을 읽어 주세요.

➡ 어머니는 맛있는 음식을 요리하셨다.

➡ 내 지갑에 2파운드 들어 있다.

➡ 후추는 음식에 매운 맛을 낸다.

➡ 점원은 다이아몬드가 있는 진열장으로 나를 데리고 갔다.

➡ 그 그릇에는 옥수수가 가득 들어있다.

➡ 새로 나온 관리 지침서 읽어 보았나요?

➡ 나는 네 어려움을 이해한다.

➡ 나는 대학 입학시험에 합격했다.

➡ 나는 연설 전에는 항상 초조하다.

➡ 대장장이는 철을 가지고 일한다.

➡ 그는 이 도시의 서부에 살고 있다.

➡ 그는 이 세상을 정복하고 싶어 한다.

➡ 그는 나의 이웃이다.

➡ 그녀는 운전 강사이다.

➡ 나는 수술 후 시력을 되찾았다.

➡ 그는 매우 가난하지만 정직하다.

➡ 그것은 별로 중요하지 않다.

➡ 아마 비가 올 것이다.

➡ 우리는 즐겁게 시간을 보냈다.

➡ 여기서 시카고까지의 거리는 얼마입니까?

➡ 나는 어딘지도 모르는 곳에서 길을 잃었다.

➡ 신사 숙녀 여러분, 안녕하십니까?

➡ 새로 온 사람과 우리는 친하다.

1345 **education**
[èdʒukéiʃən] 명 교육

1346 **foreigner**
[fɔ́:rinər] 명 외국인

1347 **nowadays**
[náuədèiz] 부 현재에는, 오늘날

1348 **dangerous**
[déindʒərəs] 형 위험한

1349 **homeless**
[hóumlis] 형 집 없는 명 노숙자

1350 **European**
[jùərəpíən] 형 유럽의 명 유럽 사람

1351 **human**
[hjú:mən] 형 인간의

1352 **underline**
[ʌ̀ndərláin] 동 ~의 밑에 선을 긋다 명 밑줄

1353 **stairway**
[stɛ́ərwèi] 명 계단

1354 **seashore**
[sí:ʃɔ:r] 명형 해변(의)

1355 **janitor**
[dʒǽnitər] 명 문지기; 수위

1356 **magic**
[mǽdʒik] 명형 마술(의)

1357 **balloon**
[bəlú:n] 명 기구; 풍선

1358 **pollute**
[pəlú:t] 동 더럽히다

1359 **meadow**
[médou] 명 풀밭, 목초지

1360 **familiar**
[fəmíljər] 형 친밀한

1361 **faithful**
[féiθfəl] 형 충실한

1362 **previous**
[prí:viəs] 형 앞의, 이전의

1363 **upward**
[ʌ́pwərd] 부 위쪽으로

1364 **medicine**
[médisn] 명 약

1365 **practice**
[prǽktis] 명동 연습(하다)

1366 **physical**
[fízikəl] 형 육체의

1367 **storage**
[stɔ́:ridʒ] 명 저장; 보관

1368 **fossil**
[fásl] 명형 화석(의)

special ________
특수 교육

blow up a ________
풍선을 불다

a tall ________
키가 큰 외국인

________ young people
젊은이들을 타락시키다

the youth ________s
요즘의 청년들

20 acres of ________
20에이커의 풀밭

a ________ dog
위험한 개

________ faces
낯익은 얼굴

a ________ child
집 없는 아이

a ________ worker
충실한 일꾼

________ languages
유럽 언어들

a ________ engagement
선약

a ________ voice
인간의 목소리

an ________ gaze
위를 쳐다봄

an ________d part
밑줄 친 부분

a ________ for a cold
감기약

a long ________
높은 계단

________ the piano
피아노를 연습하다

at the ________
해안에서

________ labor
육체노동

the ________'s office
관리실

cold ________
냉동 저장

a ________ trick
마술의 속임수

________ fuel
화석 연료

Education begins with a man's birth.

Do you know who that **foreigner** is?

He looks tired in class **nowadays**.

It is **dangerous** to cross that street.

They gave blankets to the **homeless**.

He is a **European**.

The movie is a touching **human** drama.

Translate the **underlined** parts into Korean.

You should not run up and down the **stairway**.

Children are playing on the **seashore**.

The **janitor** swept the floors and locked up the building each night.

My uncle is very good at performing **magic**.

Air leaked out of the **balloon**.

They can **pollute** the environment.

There was a path through the **meadow**.

The name sounds **familiar** to me.

He is my **faithful** friend.

I had written **previous** to visiting.

The sparrow flew **upward**.

I take **medicine** every day.

Practice makes perfect.

Physical exercise develops muscle.

All my furniture is in **storage**.

I have a **fossil** leaf.

➡ 교육은 사람의 출생과 함께 시작된다.

➡ 저 외국인이 누구인지 아십니까?

➡ 그는 요즘 수업시간에 지친 듯 보인다.

➡ 저 길을 건너는 것은 위험하다.

➡ 그들은 노숙자들에게 담요를 주었다.

➡ 그는 유럽 사람이다.

➡ 그 영화는 감동적인 인간 드라마이다.

➡ 밑줄 친 부분을 한국어로 번역하시오.

➡ 계단을 뛰어서 오르락내리락 하지 마라.

➡ 아이들이 바닷가에서 놀고 있다.

➡ 문지기는 바닥을 닦고 매일 밤 건물 문을 잠갔다.

➡ 아저씨는 마술 부리기를 아주 잘한다.

➡ 풍선에서 공기가 빠져나갔다.

➡ 그것들은 환경을 오염시킬 수 있다.

➡ 초원을 가로질러 길이 나 있었다.

➡ 그 이름은 내게 친숙하게 들린다.

➡ 그는 나의 충실한 친구이다.

➡ 나는 방문하기 전에 편지를 보냈다.

➡ 참새가 위로 날아올랐다.

➡ 나는 매일 약을 먹고 있다.

➡ 연습하면 잘 하게 된다.

➡ 운동을 하면 근육이 발달된다.

➡ 내 가구는 모두 창고에 보관중이다.

➡ 나는 화석이 된 잎을 가지고 있다.

Part 4

Basic
Stage

Essential
Stage

Advanced
Stage

Final Stage

중학 영단어의 마지막 단계입니다. 영어 우등생이 되기 위해서는 꼭 한번쯤 보고 넘어가야 할 마지막 관문입니다.

파이팅!

1369 **anymore**
[ènimɔ́ːr] 부 이제는, 더 이상

1370 **nobody**
[nóubàdi] 대 아무도 ~않다

1371 **anybody**
[énibàdi] 대 누군가, 아무도; 누구든지

1372 **happen**
[hǽpən] 동 생기다, 일어나다

1373 **semester**
[siméstər] 명 (1년 2학기제 대학) 한 학기

1374 **important**
[impɔ́ːrtənt] 형 중요한, 귀중한

1375 **toothache**
[túːθèik] 명 치통

1376 **museum**
[mjuːzíːəm] 명 박물관; 미술관

1377 **teenager**
[tíːnèidʒər] 명 십대(13~19세 소년·소녀)

1378 **fisherman**
[fíʃərmən] 명 어부; 낚시꾼

1379 **electric**
[iléktrik] 형 전기의

1380 **machine**
[məʃíːn] 명 기계

1381 **invention**
[invénʃən] 명 발명(품)

1382 **introduce**
[intrədjúːs] 동 소개하다

1383 **interview**
[íntərvjùː] 명 면접; 인터뷰

1384 **manager**
[mǽnidʒər] 명 지배인, 경영자; 감독

1385 **cartoon**
[kaːrtúːn] 명 (시사풍자) 만화

1386 **pollution**
[pəlúːʃən] 명 오염

1387 **clothing**
[klóuðiŋ] 명 의복

1388 **pleasure**
[pléʒər] 명 즐거움, 쾌락

1389 **wonderful**
[wʌ́ndərfəl] 형 훌륭한, 멋진

1390 **healthy**
[hélθi] 형 건강한

1391 **company**
[kʌ́mpəni] 명 회사

1392 **checkout**
[tʃékàut] 명 (호텔에서) 체크아웃; 계산

not drink ______
더 이상 술을 안 마시다

a wonderful ______
놀라운 **발명**

______ in the room
방 안의 **누구도**

______ my friend
내 친구를 **소개하다**

______ else
누군가 다른 사람

an ______ with him
그와의 **면담**

accidents ______
사고가 **일어나다**

a stage ______
무대 **감독**

the new ______
신**학기**

see a ______
만화를 보다

an ______ event
중대 사건

environmental ______
환경**오염**

a remedy for ______
치통용 약

winter ______
겨울**옷**

a science ______
과학**박물관**

______ of reading books
독서의 **즐거움**

the ______s in blue jeans
청바지를 입은 **십대**들

a ______ story
놀라운 이야기

a ______'s boat
낚시배

a ______ body
건강한 몸

an ______ heater
전기 히터

work for a ______
회사에서 일하다

work a ______
기계를 다루다

______ counters
계산대

He is not sick **anymore**.

Nobody knows him.

Anybody can solve the problem.

What has **happened** to my bicycle?

I'm preparing for the second **semester**.

It is **important** to study hard.

A girl had a terrible **toothache**.

We visited the national **museum**.

He studies the slang of the local **teenagers**.

The **fisherman** goes fishing almost every day.

He played the **electric** guitar.

Any vending **machines** around here?

Necessity is the mother of **invention**.

May I **introduce** my sister to you?

We had an **interview** with the President.

I'm a foreign tourism **manager** now.

I like to look at **cartoons** in the morning newspaper.

Pollution is killing many animals today.

He wears simple **clothing**.

He lived for **pleasure**.

We are having a **wonderful** time.

He is **healthy**.

My brother goes to his **company** every day.

When is **checkout** time?

➡ 그는 더 이상 아프지 않다.

➡ 아무도 그를 알지 못한다.

➡ 누구든 그 문제를 풀 수 있다.

➡ 내 자전거에 무슨 일이 생겼니?

➡ 나는 2학기를 준비하고 있어.

➡ 열심히 공부하는 것은 중요하다.

➡ 한 소녀가 심한 치통을 앓았다.

➡ 우리는 국립 박물관을 방문했다.

➡ 그는 그 지역 십대들의 속어를 연구하고 있다.

➡ 그 어부는 거의 매일 고기잡이를 간다.

➡ 그는 전기 기타를 연주했다.

➡ 이 근처에 자판기가 있니?

➡ 필요는 발명의 어머니. <속담>

➡ 제 누이동생을 소개해 드릴까요?

➡ 우리는 대통령과 면담했다.

➡ 나는 현재 외국 관광 사업의 관리자이다.

➡ 나는 조간신문에서 시사만화 보는 것을 좋아한다.

➡ 오늘날 오염으로 인해 많은 동물들이 죽고 있다.

➡ 그는 검소한 옷을 입는다.

➡ 그는 즐거움을 위해 살았다.

➡ 우리는 아주 멋진 시간을 보내고 있다.

➡ 그는 건강하다.

➡ 형님은 매일 회사에 나간다.

➡ 체크아웃 시간이 몇 시입니까?

1393 **mention**
[ménʃən] 동 말하다

1394 **grocery**
[gróusəri] 명 식료품류; 식품점

1395 **magazine**
[mæ̀gəzíːn] 명 잡지

1396 **classmate**
[klǽsmèit] 명 동급생

1397 **roommate**
[rúːmmèit] 명 동거인, 룸메이트

1398 **comedian**
[kəmíːdiən] 명 희극 배우, 코미디언

1399 **business**
[bíznis] 명 사업; 일

1400 **blossom**
[blásəm] 명 꽃 <과실나무 꽃>

1401 **garbage**
[gáːrbidʒ] 명 쓰레기

1402 **promise**
[prámis] 명동 약속(하다)

1403 **everyone**
[évriwʌ̀n] 대 모든 사람

1404 **nothing**
[nʌ́θiŋ] 대 아무 것도

1405 **something**
[sʌ́mθiŋ] 대 무언가

1406 **everybody**
[évribàdi] 대 누구나 다, 모두

1407 **interested**
[íntəristid] 형 흥미를 가지고 있는

1408 **somewhere**
[sʌ́mhwὲər] 부 어딘지

1409 **starve**
[staːrv] 동 굶주리다

1410 **bathtub**
[bǽθtʌ̀b] 명 욕조

1411 **increase**
[inkríːs] 동 늘다; 증가하다

1412 **famous**
[féiməs] 형 유명한

1413 **inventor**
[invéntər] 명 발명자

1414 **shortcut**
[ʃɔ́ːrtkʌ̀t] 명 지름길

1415 **require**
[rikwáiər] 동 요구하다

1416 **balance**
[bǽləns] 명 균형

_____ names
이름을 **말하다**

the _____ business
식료품업

a fashion _____
패션 **잡지**

_____s in high school
고교 **동창**

a new _____
새 **룸메이트**

a TV _____
텔레비전의 **코미디언**

start a _____
사업을 시작하다

acacia _____s
아카시아 **꽃**

collect the _____
쓰레기를 수거하다

make a _____
약속을 하다

_____ in the room
방에 있는 **모든 사람**

a box with _____ in it
아무 것도 안 든 상자

_____ to drink
무언가 마실 것

_____ in the room
방에 있는 **모든 사람들**

_____ in travel
여행에 **관심 있는**

_____ around here
이 근처 **어디에**

_____ to death
굶어 죽다

refill a _____
욕조의 물을 갈다

_____ price
값을 **올리다**

a _____ picture
유명한 그림

a born _____
타고난 **발명가**

a _____ to success
성공의 **지름길**

_____ care
주의를 **요하다**

a _____ of mind and body
심신의 **조화**

She **mentioned** the book to me.

The **grocery** store is crowded.

He is reading a **magazine**.

He is my **classmate**.

Do you like your new **roommate**?

I want to be a **comedian** and make people laugh.

He has started a **business**.

Apple **blossoms** are white.

I put the **garbage** in the trash can.

She always keeps her **promise**.

Everyone can have a ball.

I have **nothing**.

Give me **something** to eat.

Everybody was in the classroom.

I'm **interested** in modern art.

She lives **somewhere** around here.

The birds **starve** if we don't feed them in winter.

I scrubbed the **bathtub**.

The number of cars has **increased** recently.

The singer is **famous**.

Who is the **inventor** of the telephone?

Show me a **shortcut** to the station.

It **requires** further checkup.

He lost his **balance** and fell.

➡ 그녀가 나에게 그 책에 대해 언급했다.

➡ 식품점이 혼잡하다.

➡ 그는 잡지를 읽고 있다.

➡ 그는 나의 급우이다.

➡ 너의 새 룸메이트 괜찮니?

➡ 나는 코미디언이 되어서 사람들을 웃기고 싶다.

➡ 그는 사업을 시작했다.

➡ 사과 꽃은 하얗다.

➡ 나는 쓰레기를 휴지통에 버렸다.

➡ 그 여자는 항상 약속을 지킨다.

➡ 누구나 다 공을 가질 수 있다.

➡ 나는 아무것도 가지고 있지 않다.

➡ 무언가 먹을 것을 주십시오.

➡ 모두 교실에 있었다.

➡ 나는 현대 미술에 관심 있다.

➡ 그녀는 이 근방 어딘가에 살고 있다.

➡ 겨울에 우리가 먹이를 주지 않으면 그 새들은 굶어 죽는다.

➡ 나는 욕조를 닦았다.

➡ 최근에 차량의 숫자가 증가하고 있다.

➡ 그 가수는 유명하다.

➡ 전화를 발명한 사람은 누구니?

➡ 정거장으로 가는 지름길을 가르쳐 주십시오.

➡ 그것은 더 검토할 필요가 있다.

➡ 그는 균형을 잃고 넘어졌다.

1417 **backpack**
[bǽkpæ̀k] 명 배낭

1418 **animation**
[æ̀nəméiʃən] 명 만화 영화

1419 **handsome**
[hǽnsəm] 형 (용모가) 잘생긴, 핸섬한

1420 **thunder**
[θʌ́ndər] 명 천둥 동 천둥이 치다

1421 **heaven**
[hévən] 명 하늘; 천국

1422 **aboard**
[əbɔ́ːrd] 부 승차하여 전 ~을 타고

1423 **umbrella**
[ʌmbrélə] 명 우산

1424 **witness**
[wítnis] 명 증인; 목격자

1425 **situation**
[sìtʃuéiʃən] 명 상황; 상태

1426 **request**
[rikwést] 명 부탁, 요구

1427 **gesture**
[ʤéstʃər] 명 몸짓, 손짓, 제스처

1428 **scratch**
[skrætʃ] 동 긁다

1429 **superior**
[səpíəriər] 형 더 뛰어난, 우월한

1430 **kingdom**
[kíŋdəm] 명 왕국

1431 **promote**
[prəmóut] 동 증진하다; 승진시키다

1432 **swallow**
[swálou] 명 한 모금; 제비

1433 **eventual**
[ivéntʃuəl] 형 종국의, 최후의

1434 **translate**
[trænsléit] 동 번역하다

1435 **classify**
[klǽsəfài] 동 분류하다

1436 **smooth**
[smuːð] 형 매끄러운

1437 **advertise**
[ǽdvərtàiz] 동 광고하다

1438 **sparkle**
[spáːrkl] 명 불꽃 동 불꽃을 튀기다

1439 **feature**
[fíːtʃər] 명 특징; 용모

1440 **jewelry**
[dʒúːəlri] 명 보석류

go ________ ing
배낭여행을 가다

computer ________
컴퓨터 만화 영화

a ________ boy
잘생긴 소년

a ________ of applause
우레와 같은 박수

go to ________
천국에 가다

go ________ a plane
비행기에 타다

carry an ________
우산을 들고 다니다

a ________ to the killing
살인 목격자

the social ________
사회적 상황

a formal ________
정식 요청

an angry ________
화난 몸짓

________ the door
문을 긁다

a ________ officer
상관[상사]

the ________ of Sweden
스웨덴 왕국

________ a new product
신제품을 판촉하다

take a ________ of water
물을 한 모금 마시다

an ________ outcome
최종 결과

________ from French into English 프랑스어에서 영어로 번역하다

________ books by subject
책을 주제별로 분류하다

________ skin
매끈한 피부

________ on TV
TV에 광고하다

the ________ of a diamond
다이아몬드의 광채

do a ________ on Korea
한국 특집을 하다

valuable ________
값비싼 보석류

I'm carrying a **backpack**.

He was one of the most famous **animation** artists who ever lived.

He is a **handsome** youth.

It **thundered** all night.

Heaven helps those who help themselves.

It's time to go **aboard**.

She has an **umbrella** in her hand.

She is a credible **witness**.

I'm able to handle this kind of **situation** pretty well.

She said no to my **request**.

He made the **gestures** of a monkey.

He **scratched** his back because it was itching.

She is **superior** to him.

My sister lives in the United **Kingdom**.

He was **promoted** to captain.

The **swallow** is a sign of summer.

His **eventual** success surprised us.

His novels **translate** well.

These can be **classified** into three types.

Her skin is as **smooth** as silk.

Stores **advertise** goods for sale.

Her diamonds **sparkled** in the candlelight.

Feathers are a **feature** specific to birds.

She opened her **jewelry** box.

➡ 나는 배낭을 지니고 있다.

➡ 그는 지금까지 살았던 가장 유명한 만화 영화 작가들 중 한 사람이었다.

➡ 그는 미남 청년이다.

➡ 밤새 천둥이 쳤다.

➡ 하늘은 스스로 돕는 자를 돕는다.

➡ 승선할 시간이다.

➡ 그녀는 손에 우산을 들고 있다.

➡ 그녀는 신뢰할 만한 증인이다.

➡ 나는 이러한 상황을 잘 다룰 수 있다.

➡ 그녀는 나의 부탁을 거절했다.

➡ 그는 원숭이 흉내를 냈다.

➡ 그는 등이 가려워서 긁었다.

➡ 그녀는 그보다 뛰어나다.

➡ 내 여동생은 영국에 살고 있다.

➡ 그는 대위로 승진했다.

➡ 제비는 여름의 전조이다.

➡ 그의 최종적인 성공은 우리를 놀라게 했다.

➡ 그의 소설은 번역하기 쉽다.

➡ 이들은 세 가지 유형으로 분류될 수 있다.

➡ 그녀의 피부는 비단처럼 부드럽다.

➡ 상점들은 상품 판매 광고를 한다.

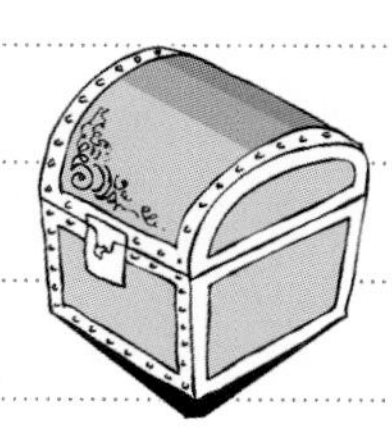

➡ 촛불에 그녀의 다이아몬드가 반짝였다.

➡ 깃털은 새들에게만 있는 특징이다.

➡ 그녀는 자신의 보석 상자를 열었다.

1441 **narration**
[næréiʃən] 명 서술; 이야기

1442 **reaction**
[riːǽkʃən] 명 반작용; 반응

1443 **creature**
[kríːtʃər] 명 동물; 괴물

1444 **richness**
[rítʃnis] 명 부유; 풍부

1445 **succeed**
[səksíːd] 동 성공하다

1446 **addition**
[ədíʃən] 명 추가; 덧셈

1447 **describe**
[diskráib] 동 묘사하다

1448 **product**
[prádəkt] 명 생산품; 결과

1449 **vehicle**
[víːikl] 명 탈것, 운송 수단

1450 **animate**
[ǽnəmèit] 동 생기를 주다 형 살아 있는

1451 **traditional**
[trədíʃənl] 형 전설의; 전통적인

1452 **decision**
[disíʒən] 명 결정, 결심

1453 **function**
[fʌ́ŋkʃən] 명 기능; 직무

1454 **wetland**
[wétlæ̀nd] 명 습지대

1455 **farmland**
[fáːrmlæ̀nd] 명 농지

1456 **colonist**
[kálənist] 명 식민지 정착민(개척자)

1457 **strength**
[streŋθ] 명 세기; 힘

1458 **specific**
[spisífik] 형 특수한; 명확한

1459 **conduct**
[kándʌkt] 명 행위; 수행

1460 **activity**
[æktívəti] 명 활동

1461 **worship**
[wə́ːrʃip] 명동 예배(하다); 숭배(하다)

1462 **release**
[rilíːs] 동 풀어 놓다

1463 **growth**
[grouθ] 명 성장; 발전

1464 **posture**
[pástʃər] 명 자세; 태도

direct ________
직접 **화법**

the social ________ of education 교육의 사회적 **기능**

an allergic ________
알레르기 **반응**

________ plants
습지의 식물

a two-legged ________
두 다리 **동물**

rich ________
비옥한 **농경지**

the ________ of marine life
해양 생태계의 **풍부함**

________s in Africa
아프리카 **식민지 개척자들**

________ in business
사업에 **성공하다**

sources of ________
힘의 원천

easy ________s
쉬운 **덧셈**

a ________ cause
특수한 원인

________ the event
사건을 **묘사하다**

bad ________
나쁜 **품행**

Korean ________s
국산**품**

club ________es
클럽 **활동**

a motor ________
자동**차**

ancestor ________
조상 **숭배**

________ creatures
생물

________ a film
영화를 **개봉하다**

________ food
전통 음식

population ________
인구 **증가**

a fair ________
공정한 **결정**

a correct ________
바른 **자세**

Novels, short stories, etc. are forms of **narration**.

I was surprised by her **reaction**.

A human being is an imperfect **creature**.

The **richness** of this soil made him rich.

I hope he will **succeed**.

Addition and subtraction are the basic processes of arithmetic.

Words cannot **describe** the scene.

The **product** was brought from Vietnam.

Automobiles, bicycles, and planes are **vehicles**.

A smile suddenly **animated** her face.

Hanbok is a Korean **traditional** dress.

They are pressing us to make a quick **decision**.

The **function** of education is to develop the mind.

The unique **wetlands** are a UNESCO Biosphere Reserve.

He possessed an extensive **farmland**.

The **colonists** were ready to fight.

A weak person lacks **strength**.

I still don't know the **specific** cause.

His **conduct** disappointed us.

After school, I take part in extracurricular **activities**.

People go to church to **worship** God.

The government **released** some prisoners.

She contributed to the **growth** of the company.

People are criticizing his political **posture**.

➡ 소설, 단편 등은 이야기의 형식이다.

➡ 나는 그녀의 반응에 놀랐다.

➡ 인간은 결점이 있는 동물이다.

➡ 이 땅의 비옥함이 그를 부자로 만들었다.

➡ 그가 성공하길 바란다.

➡ 덧셈, 뺄셈은 산수의 기본 과정이다.

➡ 말로는 그 광경을 설명할 수 없다.

➡ 그 제품은 베트남에서 가져온 것이다.

➡ 자동차, 자전거, 비행기는 운송 수단들이다.

➡ 미소를 짓자 갑자기 그녀의 얼굴에 생기가 났다.

➡ 한복은 한국의 전통적인 의상이다.

➡ 그들이 우리에게 빨리 결정하라고 압박하고 있다.

➡ 교육의 기능은 정신을 계발하는 것이다.

➡ 이 독특한 습지대는 유네스코 세계 자연 유산이다.

➡ 그는 광대한 농지를 소유했다.

➡ 식민지 사람들은 싸울 준비가 되었다.

➡ 허약한 사람은 힘이 부족하다.

➡ 나는 아직 정확한 원인을 알지 못한다.

➡ 그의 행동에 우리는 실망했다.

➡ 나는 방과 후에 특별 활동에 참여한다.

➡ 사람들은 예배하러 교회에 간다.

➡ 정부는 몇 명의 죄수를 석방했다.

➡ 그녀는 회사의 성장에 기여했다.

➡ 국민들은 그의 정치 태도를 비난하고 있다.

1465 **amaze**
[əméiz] 동 몹시 놀라게 하다

1466 **workshop**
[wə́:rkʃàp] 명 일터; 공동연구회

1467 **connect**
[kənékt] 동 잇다, 연결하다

1468 **backache**
[bǽkèik] 명 요통

1469 **realistic**
[rì:əlístik] 형 현실주의의; 사실주의의

1470 **confuse**
[kənfjú:z] 동 혼동하다

1471 **telephone**
[téləfòun] 명 전화

1472 **clearly**
[klíərli] 부 분명히

1473 **shepherd**
[ʃépərd] 명 양치기 동 안내하다

1474 **importance**
[impɔ́:rtəns] 명 중요성

1475 **sometimes**
[sʌ́mtàimz] 부 때때로

1476 **impatient**
[impéiʃənt] 형 성급한, 참을성 없는

1477 **attention**
[əténʃən] 명 주의, 주목

1478 **separate**
[sépərèit] 동 분리하다

1479 **complain**
[kəmpléin] 동 불평하다; 호소하다

1480 **complaint**
[kəmpléint] 명 불평

1481 **exchange**
[ikstʃéindʒ] 동 교환하다

1482 **expensive**
[ikspénsiv] 형 값비싼

1483 **climate**
[kláimit] 명 기후

1484 **iceberg**
[áisbə:rg] 명 빙산

1485 **complete**
[kəmplí:t] 형 완전한

1486 **portrait**
[pɔ́:rtrit] 명 초상화

1487 **marriage**
[mǽridʒ] 명 결혼

1488 **wedding**
[wédiŋ] 명 결혼식 형 결혼의

be ______ed at the sight
그 광경에 **놀라다**

a theater ______
연극 **워크숍**

______ closely
단단히 **연결하다**

chronic ______
만성 **요통**

a ______ novel
사실주의 소설

______ one's ideas
생각을 **혼란시키다**

answer the ______
전화를 받다

speak ______
분명히 말하다

______ tourists
관광객을 **이끌다**

of equal ______
똑같이 **중요**한

______ play the violin
때때로 바이올린을 켜다

an ______ person
참을성 없는 사람

pay ______ to her
그녀에게 **주목**하다

______ cream from milk
우유에서 크림을 **분리하다**

______ about bad food
형편없는 음식에 대해 **불평하다**

make a ______
불평하다

______ presents
선물을 **교환하다**

an ______ car
비싼 자동차

a mild ______
온화한 **기후**

the tip of the ______
빙산의 일각

a ______ set
온전한 세트

a family ______
가족 **초상화**

announce a ______
결혼을 발표하다

a ______ invitation
결혼식 초대장

He always **amazes** me.

Their **workshop** is near the airport.

I **connected** the TV to an outlet.

He left school because of a terrible **backache**.

The story is neither **realistic** nor humorous.

I always **confuse** him with his brother.

There is a **telephone** on the table.

Express your ideas **clearly**.

A **shepherd** takes care of sheep.

Health is of great **importance**.

She **sometimes** goes with us.

He was getting **impatient**.

Attention, please!

After dinner, we **separated**.

He is always **complaining**.

My husband always makes a **complaint** about food.

Won't you **exchange** this record for that one?

This book is not **expensive**.

Climate influences crops.

The **iceberg** split in two.

I will lend you the **complete** works of Shakespeare.

She had her **portrait** painted.

Marriage is the second beginning of life.

Today is our **wedding** anniversary.

➡ 그는 언제나 나를 놀라게 한다.

➡ 그들의 작업장은 공항 근처에 있다.

➡ 나는 TV를 콘센트에 연결했다.

➡ 그는 심한 요통 때문에 학교를 그만 두었다.

➡ 그 이야기는 사실적이지도 않고 유머도 없다.

➡ 나는 항상 그를 그의 형과 혼동한다.

➡ 탁자 위에 전화기가 있다.

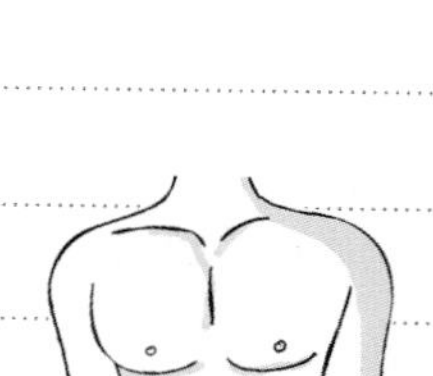

➡ 네 생각을 명료하게 표현해라.

➡ 양치기는 양들을 돌본다.

➡ 건강은 매우 중요하다.

➡ 그녀는 때때로 우리와 같이 간다.

➡ 그는 점점 참을 수 없게 되었다.

➡ 주목하세요.

➡ 저녁식사 후 우리는 헤어졌다.

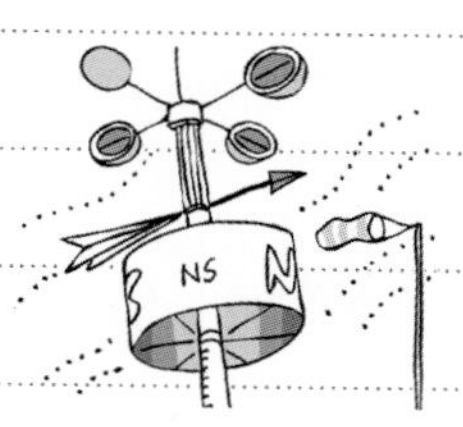

➡ 그는 언제나 불평을 한다.

➡ 나의 남편은 음식에 대해 항상 불평을 한다.

➡ 이 레코드를 저것과 바꿔주시지 않겠어요?

➡ 이 책은 비싸지 않다.

➡ 기후는 농작물에 영향을 끼친다.

➡ 빙산이 둘로 갈라졌다.

➡ 셰익스피어 전집을 빌려 드리겠습니다.

➡ 그녀는 자신의 초상화를 그리게 했다.

➡ 결혼은 인생의 두 번째 시작이다.

➡ 오늘은 우리 결혼기념일이다.

1489 **disease**
[dizí:z] 명 병, 질병

1490 **religious**
[rilídʒəs] 형 종교의

1491 **character**
[kǽriktər] 명 성격; 특성

1492 **bedroom**
[bédrù:m] 명 침실

1493 **armchair**
[á:rmtʃɛər] 명 안락의자

1494 **textbook**
[tékstbùk] 명 교과서

1495 **priceless**
[práislis] 형 아주 귀중한

1496 **darkness**
[dá:rknis] 명 어둠

1497 **meaning**
[mí:niŋ] 명 의미

1498 **merchant**
[mə́:rtʃənt] 명 상인

1499 **volunteer**
[vàləntíər] 명 지원자, 자원 봉사자

1500 **teamwork**
[tí:mwə̀:rk] 명 협력, 팀워크

1501 **roadside**
[róudsàid] 명 길가

1502 **humorous**
[hjú:mərəs] 형 재미있는, 유머러스한

1503 **everyday**
[évridèi] 형 매일의

1504 **emotion**
[imóuʃən] 명 감정; 감동

1505 **measure**
[méʒər] 동 재다; 측정하다

1506 **halfway**
[hǽfwei] 형부 도중의[에]

1507 **perhaps**
[pərhǽps] 부 아마

1508 **transfer**
[trænsfə́:r] 동 옮기다, 이동하다

1509 **dragon**
[drǽgən] 명 용

1510 **effective**
[iféktiv] 형 유효한, 효과적인

1511 **moist**
[mɔist] 형 습기 있는

1512 **express**
[iksprés] 동 (감정을) 표현하다

a heart ______
심장**병**

a ______ cafe
길가에 있는 카페

a ______ book
종교 서적

a ______ writer
유머러스한 작가

a good ______
좋은 **성격**

______ clothes
평상복

a quiet ______
조용한 **침실**

show ______
감정을 드러내다

sit in an ______
안락의자에 앉다

______ a room
방의 **치수를 재다**

an English ______
영어 **교과서**

a ______ point
중간 지점

______ jewels
대단히 귀중한 보석

______ it will rain
아마 비가 올 거다

during the hours of ______
밤 동안에

a ______ point
갈아타는 지점

understand the ______
뜻을 이해하다

the ______'s cave
용이 사는 동굴

the ______ of Venice
베니스의 **상인**

______ teaching methods
효과적인 교수법

______ work at the hospital
병원에서의 **자원 봉사** 활동

______ eyes
촉촉한 눈

have fine ______
팀워크가 좋다

______ my feelings
내 감정을 **표현하다**

I had a skin **disease**.

She is very **religious**.

Hamlet is a **character** in the play.

I want a **bedroom** to myself.

Grandfather naps in his **armchair**.

This is a new **textbook**.

Good health is **priceless**.

A bat likes **darkness**.

What is the **meaning** of this sentence?

The **merchant** has his store in the center of the city.

My grandmother **volunteered** much for the poor.

Teamwork is necessary to this plan.

We stopped our car by the **roadside**.

His joke is really **humorous**.

The Internet has become part of **everyday** life.

Sometimes my **emotions** cloud my judgment.

Inches are a **measure** of length.

He left **halfway** through the ceremony.

Perhaps that's true.

She **transferred** him to another school.

A **dragon** guarded the treasure.

This medicine is **effective** for headaches.

The laundry is **moist** with dew.

We **express** our feelings by words.

➡ 나는 피부병에 걸렸다.

➡ 그녀는 신앙심이 매우 깊다.

➡ 햄릿은 연극 속의 인물이다.

➡ 나 혼자서 쓸 침실을 원한다.

➡ 할아버지는 안락의자에서 낮잠을 주무신다.

➡ 이것은 새 교과서이다.

➡ 좋은 건강은 아주 귀중하다.

➡ 박쥐는 어둠을 좋아한다.

➡ 이 문장의 뜻이 무엇입니까?

➡ 그 상인은 도시의 중심지에 상점을 가지고 있다.

➡ 할머니는 가난한 사람들을 위해 봉사를 많이 하셨다.

➡ 이 계획에는 팀워크가 꼭 필요하다.

➡ 우리는 길가에 차를 세웠다.

➡ 그의 농담은 정말 웃긴다.

➡ 인터넷은 일상생활의 일부가 되었다.

➡ 나는 가끔 감정이 앞서서 판단력이 흐려진다.

➡ 인치는 길이를 재는 단위다.

➡ 그는 예식 중간에 떠났다.

➡ 어쩌면 그것은 사실일지도 모른다.

➡ 그녀는 그를 다른 학교로 전학시켰다.

➡ 용이 그 보물을 지켰다.

➡ 이 약은 두통에 효과적이다.

➡ 빨래가 이슬에 젖어 축축하다.

➡ 우리는 감정을 말로 나타낸다.

1513 **apparent**
[əpǽrənt] 형 명백한

1514 **natural**
[nǽtʃərəl] 형 자연의; 타고난

1515 **routine**
[ruːtíːn] 명 판에 박힌 일

1516 **surprise**
[sərpráiz] 동 놀라게 하다

1517 **disarm**
[disáːrm] 동 무장 해제하다

1518 **seafood**
[síːfùːd] 명 해산식품 형 해산물 요리의

1519 **wheat**
[hwiːt] 명 밀

1520 **sufficient**
[səfíʃənt] 형 충분한

1521 **wide**
[waid] 형 폭이 넓은

1522 **utter**
[ʌ́tər] 동 말하다 형 전적인

1523 **originate**
[ərídʒənèit] 동 시작하다; 일어나다

1524 **concur**
[kənkə́ːr] 동 동의하다

1525 **friendship**
[fréndʃip] 명 우정

1526 **player**
[pléiər] 명 경기자; 선수

1527 **resource**
[ríːsɔːrs] 명 자원

1528 **cyberspace**
[sáibərspèis] 명 사이버 공간; 가상현실

1529 **diarrhea**
[dàiəríːə] 명 설사

1530 **baseball**
[béisbɔ̀ːl] 명 야구

1531 **reflect**
[riflékt] 동 반사하다

1532 **impress**
[imprés] 동 인상을 주다, 감동시키다

1533 **bitterly**
[bítərli] 부 쓰게; 몹시

1534 **prime**
[praim] 형 첫째의, 가장 중요한

1535 **sense**
[sens] 명 감각

1536 **conform**
[kənfɔ́ːrm] 동 따르다

_______ to the naked eye
육안으로도 똑똑히 보이는

a _______ increase
자연 증가

daily _______
날마다 하는 일

be _______d at the news
그 소식을 듣고 놀라다

_______ critics
비평가들을 무력하게 하다

_______ markets
해산물 시장

whole-_______ bread
통밀빵

_______ sleep
충분한 잠

a _______ cloth
폭이 넓은 천

_______ a sigh
한숨을 쉬다

_______ a new teaching method 새 교수법을 창안하다

_______ in opinion
의견이 일치하다

_______ between you and me 너와 나의 우정

a volleyball _______
배구 선수

agricultural _______s
농업 자원

information in _______
사이버 공간의 정보

stop _______
설사를 막다

a _______ game
야구 경기

_______ light
빛을 반사하다

_______ favorably
좋은 인상을 주다

complain _______
몹시 불평하다

my _______ concern
내 주요 관심사

common _______
상식

_______ to the rules
규칙을 지키다

This fact is **apparent** to everybody.

The country is rich in **natural** resources.

Keeping a diary is an everyday **routine** of mine.

Tom is going to **surprise** Jim.

The police **disarmed** him.

We are going to a **seafood** restaurant on the beach.

In North Africa, people farmed **wheat** and barley.

The food was not **sufficient**.

The store sells a **wide** range of goods.

She **uttered** her own secret.

The disease is thought to have **originated** in the tropics.

I don't **concur** with you on this point.

I hope our **friendship** will last forever.

He is a famous ice hockey **player**.

They developed their natural **resources**.

There are no barriers of time and space in **cyberspace**.

Victims suffer severe **diarrhea** and vomiting.

I spend every Sunday playing **baseball**.

The light **reflects** from the water.

The story **impressed** me very much.

He was **bitterly** disappointed.

His **prime** concern is world peace.

She has a **sense** of humor.

We must **conform** to the law.

➡ 이 사실은 모두에게 명백하다.

➡ 그 나라는 천연 자원이 풍부하다.

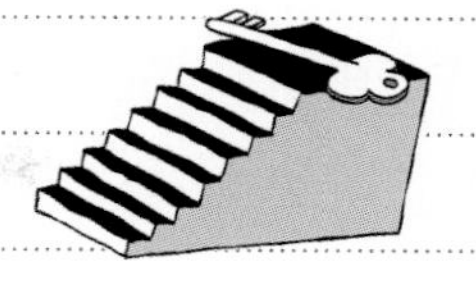

➡ 일기 쓰기는 나의 일상적인 일과이다.

➡ 탐은 짐을 놀래 주려 하고 있다.

➡ 경찰은 그에게서 무기를 빼앗았다.

➡ 우리는 해변가에 있는 해물 전문 레스토랑에 갈 거야.

➡ 북아프리카에서는 사람들이 밀과 보리를 경작했다.

➡ 음식이 충분하지 않았다.

➡ 그 가게는 광범위한 물품을 팔고 있다.

➡ 그녀는 자기 비밀을 말했다.

➡ 그 질병은 열대 지방에서 생긴 것으로 생각된다.

➡ 이 점에서는 너와 의견이 같지 않다.

➡ 우리들의 우정이 영원히 계속되기를 바란다.

➡ 그는 유명한 아이스하키 선수다.

➡ 그들은 천연 자원을 개발했다.

➡ 사이버 공간에는 시간과 공간의 장벽이 없다.

➡ 환자들은 심한 설사와 구토를 한다.

➡ 나는 매주 일요일을 야구로 보낸다.

➡ 빛이 수면에서 반사된다.

➡ 그 이야기는 나에게 무척 감동을 주었다.

➡ 그는 몹시 실망했다.

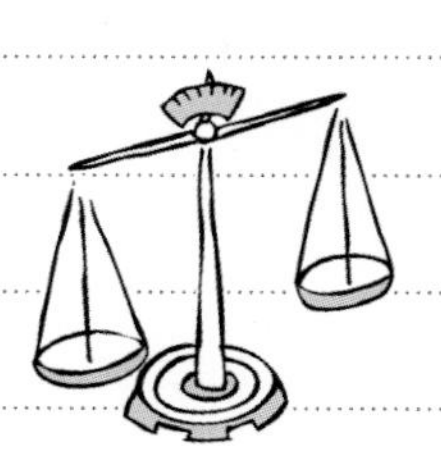

➡ 그의 주요 관심사는 세계 평화이다.

➡ 그녀는 유머감각이 있다.

➡ 우리는 법률에 따라야 한다.

1537 **industry**
[índəstri] 명 산업

1538 **eyebrow**
[áibràu] 명 눈썹

1539 **engineer**
[èndʒiníər] 명 기사, 엔지니어

1540 **servant**
[sə́:rvənt] 명 하인, 부하

1541 **register**
[rédʒistər] 명 기록부 동 기재하다

1542 **negative**
[négətiv] 형 부정의

1543 **pressure**
[préʃər] 명 압력

1544 **restrict**
[ristríkt] 동 제한하다

1545 **headline**
[hédlàin] 명 표제; 주요 뉴스

1546 **restroom**
[réstru:m] 명 화장실

1547 **lifespan**
[láifspæn] 명 수명

1548 **suitcase**
[sú:tkèis] 명 여행 가방, 슈트케이스

1549 **passive**
[pǽsiv] 형 수동적인; 소극적인

1550 **night**
[náit] 명 밤

1551 **misery**
[mízəri] 명 비참(함); 불행

1552 **recognize**
[rékəgnàiz] 동 ~을 알아보다; 인정하다

1553 **technical**
[téknikəl] 형 기술적인

1554 **dispatch**
[dispǽtʃ] 명동 급파(하다)

1555 **enjoyable**
[indʒɔ́iəbl] 형 즐거운

1556 **plaza**
[plá:zə] 명 광장; 상점가

1557 **invitation**
[invətéiʃən] 명 초대

1558 **politics**
[pálitìks] 명 정치(학)

1559 **fantastic**
[fæntǽstik] 형 환상적인

1560 **crossing**
[krɔ́:siŋ] 명 교차(점), 건널목

the tourist ______
관광 **산업**

a ______ action
소극적인 조치

thick ______s
숱이 많은 **눈썹**

late at ______
밤늦게

an electrical ______
전기 **기사**

live in ______
비참하게 살다

an old ______
나이를 먹은 **하인**

______ one's ability
능력을 **알아주다**

a hotel ______
호텔 **숙박계**

a ______ education
기술 교육

a ______ sentence
부정문

______ an army
군대를 **파견하다**

high ______
고**기압**

an ______ weekend
즐거운 주말

______ freedom of speech
언론의 자유를 **제한하다**

a station ______
역 **광장**

______ news
주요 소식

a letter of ______
초대장

a pay ______
유료 **화장실**

international ______
국제 **정치**

the average ______
평균 **수명**

a ______ view
굉장한 경관

pack a ______
여행 가방을 꾸리다

a pedestrian ______
횡단보도

Agriculture is the first **industry**.

He raised his **eyebrows**.

He is an electrical **engineer**.

He has two **servants**.

They could find no **register** of her death.

The result was **negative**.

She did it under **pressure** from her parents.

Our membership is **restricted** to twenty.

The scandal was in the **headlines**.

Where can I find the **restroom**?

The average **lifespan** of Korean people is eighty.

The tourist has a big **suitcase**.

He is too **passive** in everything.

The moon shines at **night**.

War necessarily causes **misery**.

I **recognized** him immediately.

It requires **technical** skill.

They **dispatched** an expedition to the Amazon.

Fishing is **enjoyable**.

The couple are jogging through the **plaza**.

Thank you for your **invitation**.

I have no interest in **politics**.

This is the most **fantastic** show I've ever seen.

Turn left at the **crossing**.

➡ 농업은 1차 산업이다.

➡ 그는 눈썹을 치켜 올렸다.

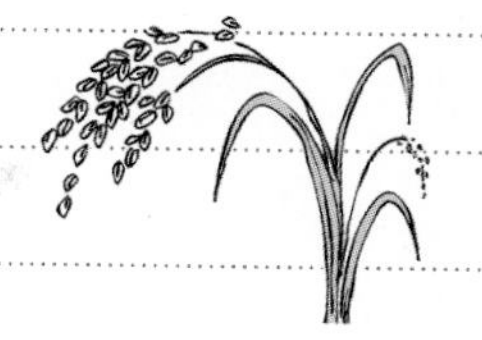

➡ 그는 전기 기사다.

➡ 그는 두 명의 하인이 있다.

➡ 그들은 그녀의 사망 기록을 발견할 수 없었다.

➡ 결과는 부정적이었다.

➡ 그녀는 부모님의 압력에 못 이겨 그 일을 했다.

➡ 우리 회원은 20명으로 한정되어 있다.

➡ 그 스캔들은 신문의 표제를 장식했다.

➡ 화장실이 어디 있지요?

➡ 한국 사람의 평균 수명은 80이다.

➡ 그 관광객은 큰 여행 가방을 가지고 있다.

➡ 그는 무슨 일을 하든 너무 수동적이다.

➡ 달은 밤에 빛난다.

➡ 전쟁은 필연적으로 불행을 가져온다.

➡ 나는 즉시 그를 알아보았다.

➡ 그것은 전문적인 기술을 필요로 한다.

➡ 그들은 아마존 강에 원정대를 파견했다.

➡ 낚시는 재미있다.

➡ 커플이 조깅하며 광장을 지나가고 있다.

➡ 초대해 주셔서 감사합니다.

➡ 나는 정치에 관심이 없다.

➡ 이런 환상적인 쇼는 처음 본다.

➡ 교차로에서 왼쪽으로 돌아라.

1561 **drown**
[draun] 동 익사하다

1562 **behave**
[bihéiv] 동 행동하다

1563 **maintain**
[meintéin] 동 지속하다, 유지하다

1564 **autograph**
[ɔ́:təgræ̀f] 명동 서명(하다)

1565 **contrast**
[kántræst] 명동 대조(하다)

1566 **evidence**
[évidəns] 명 증거; 근거

1567 **secretary**
[sékrətèri] 명 비서

1568 **instance**
[ínstəns] 명 예, 실례

1569 **determine**
[ditə́:rmin] 동 결심하다

1570 **patience**
[péiʃəns] 명 인내(력); 끈기

1571 **compete**
[kəmpí:t] 동 경쟁하다, 겨루다

1572 **whatever**
[hwʌtévər] 대 ~하는 것은 무엇이든

1573 **consider**
[kənsídər] 동 잘 생각하다; 고려하다

1574 **stomach**
[stʌ́mək] 명 위, 복부

1575 **calculate**
[kǽlkjəlèit] 동 계산하다

1576 **amusement**
[əmjú:zmənt] 명 즐거움, 오락(물)

1577 **process**
[práses] 명 진행; 과정

1578 **artistic**
[a:rtístik] 형 예술의

1579 **bounce**
[bauns] 동 되튀다

1580 **sunstroke**
[sʌ́nstròuk] 명 일사병

1581 **represent**
[rèprizént] 동 나타내다; 대표하다

1582 **compose**
[kəmpóuz] 동 구성하다; 작곡하다

1583 **encourage**
[inkə́:ridʒ] 동 용기를 돋우다; 장려하다

1584 **electronic**
[ilèktránik] 형 전자(학)의

_______ oneself in a river
강에 **빠져죽다**

_______ strangely
이상하게 **행동하다**

_______ law and order
법질서를 **유지하다**

an _______ed ball
사인한 공

a strong _______
선명한 **대조**

firm _______
확실한 **증거**

a personal _______
개인 **비서**

in most _______
대개의 **경우**에는

_______ one's attitude
태도를 **결정하다**

a man of great _______
참을성이 강한 사람

_______ in price
가격 **경쟁을 하다**

_______ may happen
어떤 일이 생길**지라도**

_______ others
남을 **생각하다**

on an empty _______
공**복** 때의

_______ the speed of light
빛의 속도를 **계산하다**

my favorite _______s
내가 가장 좋아하는 **오락**

the _______ of history
역사의 **진행**

a work of great _______ value **예술적** 가치가 큰 작품

_______ a ball
공을 **튀기다**

get _______
일사병에 걸리다

_______ Korea in the Olympics 올림픽에서 한국을 **대표하다**

_______ a song
노래를 **작곡하다**

_______ saving
저축을 **장려하다**

an _______ calculator
전자계산기

He tried to **drown** his sorrows.

You must not **behave** so.

Food is necessary to **maintain** life.

I've got lots of famous people's **autographs**.

This color **contrasts** well with green.

He presented the murder weapon as **evidence** in court.

She is a **secretary** to the president.

Here is an **instance** of his honesty.

I **determined** to become an engineer.

Patience is a virtue.

They **competed** for the prize.

I have no plans **whatever**.

You must **consider** the problem from every aspect.

My **stomach** feels full.

How should we **calculate** the price of our product?

The town lacks **amusement** facilities.

It is a **process** of water purification.

Picasso's **artistic** style is called Cubism.

The ball **bounced** back from the wall.

She was treated for **sunstroke**.

The dove **represents** peace.

She began to **compose** at an early age.

His father **encouraged** him to read many books.

He bought an **electronic** piano for his daughter.

➡ 그는 술로 슬픔을 잊으려 노력했다.

➡ 그렇게 행동을 해서는 안 된다.

➡ 음식은 생명을 유지하는 데 필요하다.

➡ 나는 유명인들의 사인을 많이 가지고 있다.

➡ 이 색깔은 녹색과 좋은 대조를 이룬다.

➡ 그는 살해 무기를 법정에 증거로 제출했다.

➡ 그녀는 사장 비서다.

➡ 여기 그의 정직함을 보여주는 한 예가 있다.

➡ 나는 기술자가 되기로 결심했다.

➡ 인내는 미덕이다.

➡ 그들은 그 상을 타려고 경쟁했다.

➡ 나는 어떤 계획도 없다.

➡ 그 문제는 모든 관점에서 고려해야 한다.

➡ 배가 꽉 찬 느낌이다.

➡ 우리 제품 가격을 어떻게 산정할까요?

➡ 그 도시에는 오락 시설이 없다.

➡ 그것은 물을 깨끗하게 하는 과정이다.

➡ 피카소의 미술 양식은 입체파로 불린다.

➡ 공이 벽에 맞고 튀어왔다.

➡ 그녀는 일사병으로 치료를 받았다.

➡ 비둘기는 평화를 상징한다.

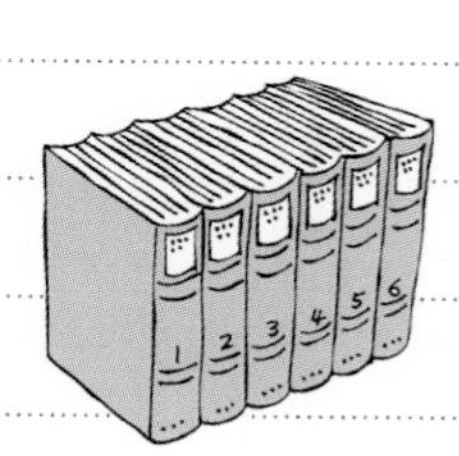

➡ 그녀는 어린 나이에 작곡을 시작했다.

➡ 그의 아버지가 책을 많이 읽도록 격려했다.

➡ 그는 딸에게 전자 피아노를 사주었다.

1585 **overactive**
[òuvərǽktiv] 형 활약[활동]이 지나친

1586 **bedding**
[bédiŋ] 명 침구류

1587 **workplace**
[wə́:rkplèis] 명 일터, 작업장

1588 **ambulance**
[ǽmbjuləns] 명 구급차, 앰뷸런스

1589 **equipment**
[ikwípmənt] 명 장비; 설비

1590 **newsletter**
[njú:zlètər] 명 회보, 연보

1591 **convenient**
[kənví:njənt] 형 편리한

1592 **expression**
[ikspréʃən] 명 표현

1593 **understand**
[ʌ̀ndərstǽnd] 동 이해하다

1594 **however**
[hauévər] 부 그렇지만; 아무리 ~해도

1595 **everywhere**
[évrihwὲər] 부 어디든지 다, 도처에

1596 **housewife**
[háuswàif] 명 주부

1597 **refrigerator**
[rifrídʒərèitər] 명 냉장고

1598 **blackboard**
[blǽkbɔ̀:rd] 명 칠판

1599 **research**
[risə́:rtʃ] 명 (학술)연구, 조사

1600 **president**
[prézidənt] 명 대통령; 회장

1601 **pregnant**
[prégnənt] 형 임신한

1602 **congress**
[káŋgris] 명 회의; 의회, 국회

1603 **identify**
[aidéntəfài] 동 확인하다

1604 **amazing**
[əméiziŋ] 형 놀랄 만한

1605 **combine**
[kəmbáin] 동 결합시키다

1606 **resemble**
[rizémbl] 동 닮다

1607 **practical**
[prǽktikəl] 형 실제의; 실용적인

1608 **otherwise**
[ʌ́ðərwàiz] 부 만약 그렇지 않으면

an ______ behavior
지나친 행동

fold up the ______ s
이부자리를 개다

do well in the ______
직장에서 잘 지내다

call an ______
구급차를 부르다

sports ______
스포츠 용품

a free online ______
무료 온라인 회보

a ______ appliance
편리한 기구

freedom of ______
표현의 자유

______ the teacher's explanation 선생님의 설명을 이해하다

______ rich one may be
아무리 부자더라도

______ in the world
세계 어느 곳에서나

a good ______
살림을 잘하는 주부

put in a ______
냉장고에 넣다

wipe the ______
칠판을 지우다

market ______
시장 조사

the ______ of Korea
한국 대통령

a ______ woman
임신한 여자

a regular ______
정기 국회

______ oneself
신분을 확인하다

an ______ number
놀랄 만한 수

______ two companies
두 회사를 합병하다

closely ______
아주 닮다

______ English
실용 영어

an ______ happy life
다른 점에서 보면 행복한 삶

You have an **overactive** imagination.

You can't leave home without folding back your **bedding**.

Sexual harassment in the **workplace** is not a trivial matter.

Please send an **ambulance** right away!

Get the **equipment** ready for use.

The **newsletter** is published once a month.

He lives in a **convenient** house.

He made a puzzled **expression**.

Do you **understand**?

His mind, **however**, did not change.

It can be seen **everywhere** in the world.

She is a teacher, **housewife**, and mother all at once.

Put the meat in the **refrigerator**.

Tom wrote his name on the **blackboard**.

He has dedicated his life to scientific **research**.

We chose him **president** of our club.

She was **pregnant** with her second child.

The laws of the U.S.A. are made by **Congress**.

She **identified** the man as her attacker.

His **amazing** success surprised them.

It is difficult to **combine** work with pleasure.

She **resembles** her mother.

I want to give him a **practical** gift.

Write her address down, **otherwise** you'll forget it.

➡ 너는 상상력이 지나치다.

➡ 이불을 개지 않고선 집을 나갈 수 없다.

➡ 직장 내 성희롱은 사소한 문제가 아니다.

➡ 지금 즉시 앰뷸런스를 보내 주십시오!

➡ 장비를 곧 쓸 수 있도록 준비해 두어라.

➡ 회보는 한 달에 한 번 나온다.

➡ 그는 편리한 집에서 산다.

➡ 그는 당황한 표정을 지었다.

➡ 이해하시겠습니까?

➡ 그렇지만 그의 마음은 변하지 않았다.

➡ 그것은 세계 어느 곳에서나 볼 수 있다.

➡ 그녀는 선생님과 주부와 어머니의 역할을 동시에 하고 있다.

➡ 고기를 냉장고에 넣어라.

➡ 탐은 그의 이름을 칠판에 썼다.

➡ 그는 자신의 일생을 과학 연구에 바쳤다.

➡ 우리는 그를 우리 클럽의 회장으로 선출했다.

➡ 그녀는 둘째 아이를 임신하고 있었다.

➡ 미합중국 법령들은 의회에 의해 제정된다.

➡ 그녀는 그 남자가 자기를 공격한 사람임을 확인했다.

➡ 그의 놀랄 만한 성공이 그들을 놀라게 했다.

➡ 일과 오락을 결합시키기는 어렵다.

➡ 그녀는 자기 어머니를 닮았다.

➡ 나는 그에게 실용적인 선물을 하고 싶다.

➡ 그녀의 주소를 적어 놔라, 그렇지 않으면 잊어버릴 것이다.

1609 **somewhat**
[sʌ́mhwɑ̀t] 부 얼마간

1610 **boastful**
[bóustfəl] 형 자랑하는

1611 **generous**
[ʤénərəs] 형 관대한

1612 **announcer**
[ənáunsər] 명 아나운서

1613 **emphasize**
[émfəsàiz] 동 강조하다

1614 **backward**
[bǽkwərd] 형 뒤쪽의

1615 **chemical**
[kémikəl] 형 화학의

1616 **attendant**
[əténdənt] 명 안내원

1617 **blueprint**
[blú:prìnt] 명 청사진

1618 **intelligent**
[intéləʤənt] 형 지적인; 총명한

1619 **moment**
[móumənt] 명 잠시, 잠깐

1620 **export**
[ékspɔ:rt] 명동 수출(하다)

1621 **appear**
[əpíər] 동 나타나다

1622 **nationality**
[næ̀ʃənǽləti] 명 국적; 국민

1623 **royal**
[rɔ́iəl] 형 왕[여왕]의 명 왕족

1624 **surplus**
[sə́:rplʌs] 명형 과잉(의)

1625 **disagree**
[dìsəgrí:] 동 일치하지 않다, 다르다

1626 **seagull**
[sí:gʌl] 명 갈매기

1627 **whenever**
[hwenévər] 부접 ~할 때에는 언제든지

1628 **sunburn**
[sʌ́nbə̀:rn] 동 햇볕에 태우다

1629 **wildlife**
[wáildlàif] 명형 야생 생물(의)

1630 **utilize**
[jú:təlàiz] 동 활용하다

1631 **originally**
[ərídʒənəli] 부 원래

1632 **conductor**
[kəndʌ́ktər] 명 안내자; 지휘자

______ similar
약간 비슷한

______ on TV
텔레비전에 나오다

______ talk
자화자찬의 말

dual ______
이중 국적

a ______ attitude
관대한 태도

the ______ family
왕실

a television ______
텔레비전 아나운서

trade ______
무역 흑자

______ the point
그 점을 강조하다

______ completely
완전히 의견을 달리하다

a ______ country
후진국

the head of the ______
갈매기 머리

the ______ symbol
화학 기호

______ one goes
갈 때마다

a flight ______
(비행기의 객실) 승무원

a ______ed face
햇볕에 그을린 얼굴

make a ______
청사진을 만들다

______ preservation
야생 생물의 보호

an ______ choice
영리한 선택

______ one's knowledge
지식을 활용하다

in the ______ of crisis
위기의 순간에

______ Korean
원래 한국인인

an ______ price
수출 가격

a guest ______
객원 지휘자

My hat is **somewhat** like yours.

He is **boastful** about his house.

He is very **generous** to his children.

The **announcer** was late for the program.

He always **emphasizes** the value of education.

He walked **backward**.

He studies in the **chemical** laboratory.

He is a faithful **attendant** on the queen.

Our self-image is the **blueprint** which determines how we see the world.

That was an **intelligent** question.

Can I speak to you for a **moment**?

Korea **exports** many different kinds of goods.

She **appeared** on the stage.

What's your **nationality**?

The crown stands for **royal** dignity.

These goods are **surplus** to requirements.

I **disagree** with you.

Seagulls would fly close to them to beg for food.

Whenever he has a test, he studies in the library.

His skin is deeply **sunburned**.

We know how important the conservation of **wildlife** is.

We can **utilize** the sun as an energy source.

Chilies are **originally** from South America.

The **conductor** put me inside the bus.

➡ 내 모자는 너의 모자와 약간 비슷하다.

➡ 그는 자기 집을 자랑한다.

➡ 그는 자식들에 대해 매우 너그럽다.

➡ 그 아나운서는 프로그램에 늦었다.

➡ 그는 언제나 교육의 가치를 강조한다.

➡ 그는 뒤로 걸었다.

➡ 그는 화학 실험실에서 연구한다.

➡ 그는 여왕의 충실한 수행원이다.

➡ 우리의 자아상은 세상을 어떻게 보느냐를 결정짓는 청사진이다.

➡ 그것은 재치 있는 질문이었다.

➡ 잠시만 얘기를 해도 되겠습니까?

➡ 한국은 다양한 종류의 상품을 수출한다.

➡ 그녀가 무대 위에 모습을 드러냈다.

➡ 당신의 국적은 어디입니까?

➡ 왕관은 왕의 위엄의 상징이다.

➡ 이 물품은 필요한 물품의 여분이다.

➡ 나는 너와 의견이 다르다.

➡ 갈매기들이 음식을 달라고 그들 가까이 날아다녔다.

➡ 그는 시험을 볼 때마다, 도서관에서 공부를 한다.

➡ 그의 피부는 볕에 까맣게 탔다.

➡ 우리는 야생 생물 보존의 중요성을 알고 있다.

➡ 우리는 태양을 에너지원으로 이용할 수 있다.

➡ 고추는 원래 남아메리카 지방이 원산지이다.

➡ 차장은 나를 버스 안쪽으로 끌어들였다.

1633 **frigid**
[frídʒid] 형 몹시 추운

1634 **playground**
[pléigràund] 명 놀이터

1635 **resolve**
[rizálv] 명동 결심(하다)

1636 **customer**
[kʌ́stəmər] 명 (가게의) 손님

1637 **dictionary**
[díkʃənèri] 명 사전

1638 **basketball**
[bǽskitbɔ̀:l] 명 농구

1639 **reflection**
[rifléкʃən] 명 반사, 반영

1640 **impression**
[impréʃən] 명 인상, 감명

1641 **policy**
[páləsi] 명 정책, 방침

1642 **principal**
[prínsəpəl] 형 주요한 명 우두머리

1643 **sensible**
[sénsəbəl] 형 분별 있는; 현명한

1644 **conflict**
[kánflikt] 명 투쟁 동 충돌하다

1645 **industrious**
[indʌ́striəs] 형 근면한

1646 **eyedrops**
[áidràps] 명 안약

1647 **engineering**
[èndʒiníəriŋ] 명 공학, 기관학

1648 **server**
[sə́:rvər] 명 봉사자; 서버

1649 **registered**
[rédʒistərd] 형 등록한; 등기의

1650 **needless**
[ní:dlis] 형 불필요한

1651 **presume**
[prizú:m] 동 가정[추정]하다

1652 **restriction**
[ristríkʃən] 명 제한

1653 **headquarters**
[hédkwɔ̀rtərz] 명 본부; (군)사령부

1654 **restore**
[ristɔ́:r] 동 복원하다

1655 **lifestyle**
[láifstàil] 명 생활양식

1656 **suicide**
[sú:əsàid] 명 자살

______ climate
매우 추운 기후

honest and ______
정직하고 근면한

a school ______
학교 놀이터

put ______ into eyes
눈에 안약을 넣다

______ to study law
법률을 공부하기로 결심하다

electric ______
전기 공학

a regular ______
단골손님

an online ______
온라인 서버

an English-Korean
______ 영한사전

a ______ trademark
등록 상표

play street ______
길거리 농구를 하다

______ work
필요 없는 일

serious ______
진지한 반성

______ innocence
무죄로 추정하다

an excellent ______
멋진 인상

without ______
무제한으로

a wise ______
현명한 정책

an army ______
육군사령부

a school ______
교장

______ to good health
건강을 회복시키다

a ______ man
지각 있는 사람

a simple ______
소박한 생활방식

cultural ______
문화적 충돌

attempt ______
자살을 기도하다

The recent **frigid** weather will continue till tomorrow.

There are many kids in the **playground**.

He made a **resolve** to stop smoking.

That store has plenty of **customers**.

This is my **dictionary**.

I prefer **basketball** to baseball.

The moon looks bright because of the **reflection** of light.

His speech made a great **impression** on me.

Honesty is the best **policy**.

The **principal** character in this story is a dog.

It was **sensible** of you to lock the door.

A **conflict** of opinions arose over the matter.

Bees and ants are **industrious** workers.

He put **eyedrops** in his eyes.

He has a master's degree in **engineering**.

The **server** is taking away plates.

I got a **registered** letter yesterday.

Needless to say, he kept his promise.

I **presume** that she will return.

Later the **restrictions** were lifted.

The firm's **headquarters** is in London.

The art treasures were **restored** to Korea.

I'd like to change my **lifestyle**.

Christian ethics disapproves of **suicide**.

➡ 최근의 추운 날씨는 내일까지 계속될 것이다.

➡ 놀이터에 많은 아이들이 있다.

➡ 그는 담배를 끊을 결심을 했다.

➡ 저 가게는 손님이 많다.

➡ 이것은 내 사전이다.

➡ 나는 야구보다는 농구를 더 좋아한다.

➡ 달은 빛의 반사 때문에 밝게 보인다.

➡ 그의 연설은 나에게 큰 감명을 주었다.

➡ 정직이 최선의 방책이다. <속담>

➡ 이 이야기의 주인공은 개이다.

➡ 네가 문을 잠근 것은 현명한 처사였다.

➡ 그 문제를 두고 의견 충돌이 일어났다.

➡ 벌과 개미는 부지런히 일한다.

➡ 그에 눈에 안약을 넣었다.

➡ 그는 공학석사 학위를 갖고 있다.

➡ 서버가 접시를 치우고 있다.

➡ 나는 어제 등기 편지를 한통 받았다.

➡ 말할 필요도 없이 그는 약속을 지켰다.

➡ 그녀가 돌아오리라고 본다.

➡ 나중에 제한이 없어졌다.

➡ 그 회사의 본사는 런던에 있다.

➡ 그 귀중 미술품들은 한국에 반환되었다.

➡ 나는 생활방식을 바꾸고 싶다.

➡ 기독교의 윤리에서는 자살을 반대한다.

1657 **passion**
[pǽʃən] 명 열정

1658 **nickname**
[níknèim] 명 별명

1659 **miserable**
[mízərəbl] 형 불쌍한, 비참한

1660 **recognition**
[rèkəgníʃən] 명 인식, 승인

1661 **technician**
[tekníʃən] 명 기술자

1662 **dispense**
[dispéns] 동 분배하다; 제공하다

1663 **enlarge**
[inlá:rdʒ] 동 크게 하다, 확대하다

1664 **playmate**
[pléimèit] 명 놀이 친구

1665 **invisible**
[invízəbl] 형 눈에 보이지 않는

1666 **politician**
[pàlətíʃən] 명 정치가

1667 **famine**
[fǽmin] 명 기근; 굶주림

1668 **crossroad**
[krɔ́sròud] 명 교차로; 네거리

1669 **downtown**
[dáuntàun] 명형 도심지(의)

1670 **behavior**
[bihéivjər] 명 행동

1671 **maintenance**
[méintənəns] 명 지속; 유지

1672 **available**
[əvéiləbl] 형 이용할 수 있는

1673 **scientific**
[sàiəntífik] 형 과학의

1674 **experiment**
[ikspérəmənt] 명 실험

1675 **disappointed**
[dìsəpɔ́intid] 형 실망한

1676 **emergency**
[imɔ́:rdʒənsi] 명 비상사태

1677 **temperature**
[témpərətʃər] 명 온도

1678 **fellowship**
[félouʃip] 명 동료의식; 단체

1679 **descendant**
[diséndənt] 명 자손

1680 **background**
[bǽkgràund] 명형 배경(의)

a man of ______
열정적인 사람

give a ______
별명을 붙이다

a ______ house
초라한 집

receive much ______
크게 인정을 받다

a scientific ______
과학 기술자

______ drinks
음료를 제공하다

an ______d photograph
확대 사진

a ______ in one's childhood 어릴 때의 동무

______ differences
분간하기 힘든 차이

a retired ______
은퇴한 정치가

______ relief
기근 구호

a ______s store
네거리의 가게

a ______ hotel
도심지에 있는 호텔

adult ______
어른스러운 행동

car ______
차의 정비

______ money
가진 돈

______ studies
과학 연구

a chemical ______
화학 실험

his ______ face
그의 실망한 얼굴

a state of ______
비상사태

have a high ______
체온이 높다

Christian ______
기독교 교우

a direct ______
직계 자손

the social ______ of the novel 소설의 사회적 배경

My **passion** for books continued throughout my life.

His **nickname** was 'bookworm'.

The dog looked **miserable**.

My **recognition** of him was immediate.

They train **technicians** at that school.

This vending machine **dispenses** hot coffee.

Knowledge **enlarges** the mind.

He was a **playmate** in my childhood.

Germs are **invisible** to the naked eye.

The **politician** had been in public office for 40 years.

Some parts of the world suffer regularly from **famine**.

The accident took place at the **crossroads**.

They went **downtown** to see a movie.

His **behavior** was worthy of praise.

The **maintenance** in the building is excellent.

It is not **available** for our plan.

Space travel is **scientific** advancement.

I was excited about the **experiment**.

I was **disappointed** to hear that.

Our plane made an **emergency** landing.

The room **temperature** is 30 °C.

They had no **fellowship** among them.

He has no **descendants**.

The **background** of this country's flag is green.

➡ 책에 대한 나의 열정은 일생 동안 지속되었다.

➡ 그의 별명은 '책벌레'였다.

➡ 그 개는 불쌍해 보였다.

➡ 나는 한눈에 곧 그임을 알았다.

➡ 그 학교에서는 기술자를 양성하고 있다.

➡ 이 자판기는 뜨거운 커피가 나온다.

➡ 지식은 마음을 넓힌다.

➡ 그는 나의 어릴 적 동무이다.

➡ 세균은 육안으로 볼 수 없다.

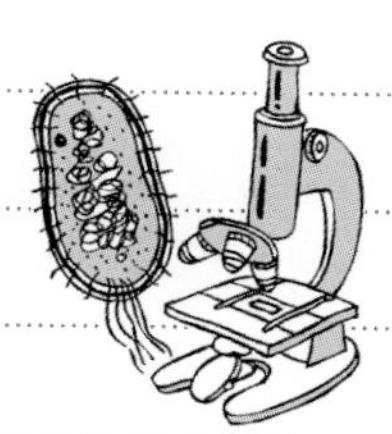

➡ 그 정치가는 40년 동안 공직 생활을 했다.

➡ 세계의 일부 지역은 정기적으로 기근을 겪는다.

➡ 사고는 교차로에서 일어났다.

➡ 그들은 영화 보러 시내에 갔다.

➡ 그의 행동은 칭찬받을 만했다.

➡ 그 건물은 유지보수가 잘 되었다.

➡ 그것은 우리 계획에 쓸모가 없다.

➡ 우주여행은 과학의 진보이다.

➡ 나는 그 실험에 흥분을 느꼈다.

➡ 나는 그것을 듣고 실망했다.

➡ 우리 비행기는 비상 착륙을 했다.

➡ 실내 온도는 30°C이다.

➡ 그들 사이에는 동료의식이 없었다.

➡ 그는 후손이 없다.

➡ 이 나라 국기의 바탕색은 녹색이다.

1681 **unfortunate** [ənfɔ́ːrtʃənət] 형 불운한; 불행한

1682 **development** [divéləpmənt] 명 발달, 발전

1683 **professional** [prəféʃənəl] 형 전문적인

1684 **overweight** [óuvərwèit] 형 비만인; 중량이 초과된

1685 **appearance** [əpíərəns] 명 출현; 외모

1686 **beautifully** [bjúːtəfəli] 부 아름답게

1687 **adulthood** [ədʌ́lthùd] 명 성인임

1688 **continent** [kántinənt] 명 대륙

1689 **submarine** [sʌ́bməriːn] 명 잠수함 형 해저의

1690 **astronomy** [əstránəmi] 명 천문학

1691 **concerning** [kənsə́ːrniŋ] 전 ~에 관하여

1692 **cooperation** [kouàpəréiʃən] 명 협력, 협동

1693 **agricultural** [æ̀grikʌ́ltʃərəl] 형 농업의

1694 **embarrass** [imbǽrəs] 동 당혹하게 하다

1695 **opportunity** [àpərtjúːnəti] 명 기회

1696 **imagination** [imæ̀dʒənéiʃən] 명 상상(력)

1697 **imaginative** [imǽdʒənətiv] 형 상상력이 풍부한

1698 **confidence** [kánfidəns] 명 신용; 자신

1699 **motionless** [móuʃənlis] 형 움직이지 않는

1700 **personality** [pə̀ːrsənǽləti] 명 개성, 성격

1701 **reserve** [rizə́ːrv] 동 예약하다; 비축하다

1702 **discourage** [diskə́ːridʒ] 동 ~의 용기를 잃게 하다

1703 **treasure** [tréʒər] 명 보물

1704 **unification** [jùːnəfikéiʃən] 명 통일

an ______ accident
불운한 사고

economic ______
경제 발달

a ______ golfer
프로 골퍼

______ baggage
중량 초과 수하물

a TV ______
TV 출연

be ______ dressed
아름답게 차려 입다

reach ______
성인이 되다

the European ______
유럽 대륙

______ exploration
해저 탐험

know a lot about ______ 천문학에 대해 잘 알다

an article ______ the election 선거 관련 기사

economic ______
경제 협력

______ land
농지

______ deeply
몹시 당황하게 하다

a great ______
좋은 기회

a creative ______
독창적인 상상력

an ______ child
상상력이 풍부한 아이

lose ______
자신감을 잃다

sit ______
꼼짝 않고 앉아 있다

a strong ______
강한 개성

______ a hotel room
호텔 방을 예약하다

______ her from traveling alone 그녀가 혼자 여행하는 것을 말리다

a national ______
나라의 보물

the ______ of Germany
독일의 통일

He was **unfortunate** to lose his property.

We must await further **developments**.

I watched the **professional** baseball game on TV.

How did he get **overweight**?

He compared their **appearances**.

I remember him singing **beautifully**.

You should take social responsibilities of **adulthood**.

The Pacific is bigger than the **continent** of Asia.

Submarines sail under the water.

Astronomy is difficult for us.

We made inquiries **concerning** his past.

I really appreciate your **cooperation**.

Agricultural produce has increased.

She was **embarrassed** by his praise.

You shouldn't miss this **opportunity**.

A ghost is in your **imagination**.

He is an **imaginative** poet.

He is full of **confidence**.

He is standing **motionless**.

She has a wonderful **personality**.

They **reserved** some money for the future.

The news **discouraged** me.

That old temple has many **treasures**.

Our hope is Korea's **unification**.

➡ 그는 불행하게도 재산을 잃었다.

➡ 우리는 앞으로의 진전을 기다려야 한다.

➡ 나는 TV로 프로야구 경기하는 것을 보았다.

➡ 그는 어떻게 비만이 된 걸까?

➡ 그는 그들의 외모를 비교했다.

➡ 나는 그가 훌륭하게 노래 부른 것을 기억한다.

➡ 성인으로서 여러 사회적 책임을 져야 한다.

➡ 태평양은 아시아 대륙보다 더 크다.

➡ 잠수함은 물밑을 다닌다.

➡ 천문학은 우리에게 어렵다.

➡ 우리는 그의 과거에 관해서 조사를 했다.

➡ 협조해 주셔서 정말 감사합니다.

➡ 농업 생산물이 증가했다.

➡ 그녀는 그의 칭찬에 당황했다.

➡ 이 기회를 놓치면 안 된다.

➡ 유령이란 상상의 산물이다.

➡ 그는 상상력이 풍부한 시인이다.

➡ 그는 자신감에 차 있다.

➡ 그는 꼼짝 않고 서 있다.

➡ 그녀는 인간성이 좋다.

➡ 그들은 장래를 대비해 약간의 돈을 비축했다.

➡ 나는 그 소식을 듣고 낙담했다.

➡ 저 오래된 절에는 많은 보물이 있다.

➡ 우리의 소원은 한국의 통일이다.

1705 **permission** [pərmíʃən] 명 허가

1706 **population** [pàpjəléiʃən] 명 인구; (지역의) 주민

1707 **handwriting** [hǽndràitiŋ] 명 손글씨

1708 **underground** [ʌ́ndərgràund] 형 지하의 명 지하

1709 **information** [ìnfərméiʃən] 명 정보; 지식

1710 **ingredient** [ingríːdiənt] 명 성분; 재료

1711 **successful** [səksésfəl] 형 성공한

1712 **conversation** [kànvərséiʃən] 명 대화, 회화

1713 **economics** [ìːkənámiks] 명 경제학

1714 **resistance** [rizístəns] 명 저항, 반항

1715 **abnormal** [æbnɔ́ːrməl] 형 비정상의, 이상한

1716 **apologize** [əpálədʒàiz] 동 사과[사죄]하다

1717 **argument** [áːrgjumənt] 명 논의, 논증

1718 **symbolize** [símbəlàiz] 동 상징하다

1719 **sunbathe** [sʌ́nbèið] 동 일광욕을 하다

1720 **backbone** [bǽkbòun] 명 등뼈, 척추

1721 **magician** [mədʒíʃən] 명 마술사

1722 **forefinger** [fɔ́ːrfiŋgər] 명 집게손가락

1723 **attractive** [ətrǽktiv] 형 매력적인

1724 **clockwise** [klákwàiz] 형부 시계방향으로(도는)

1725 **overcome** [òuvərkʌ́m] 동 이기다; 극복하다

1726 **automobile** [ɔ́ːtəməbìːl] 명형 자동차(의)

1727 **architect** [áːrkitèkt] 명 건축가, 설계사

1728 **mechanical** [məkǽnikəl] 형 기계의

official ______
정식 **허가**

______ increase
인구 증가

childish ______
어린애 같은 **글씨**

an ______ parking lot **지하** 주차장

useful ______
유용한 **정보**

the main ______s
주요 **성분**

______ in business
사업에 **성공한**

a friendly ______
친밀한 **대화**

a doctor of ______
경제학 박사

passive ______
소극적 **저항**

______ behavior
이상 행동

______ publicly
공식적으로 **사과하다**

start an ______
논쟁을 시작하다

______ speech sounds
발음을 **기호화하다**

______ at the poolside
수영장가에서 **일광욕을 하다**

flexible animals having a ______ **등뼈**가 있는 유연한 동물들

a famous ______
유명한 **마술사**

cross the ______ and middle finger **집게손가락**과 가운데 손가락을 포개다

an ______ woman
매력적인 여성

anti-______
시계 반대 **방향으로**

______ the difficulty
고난을 **극복하다**

______ insurance
자동차 보험

a famous ______
유명한 **건축가**

______ defects
기계의 결함

You have my **permission** to go.

The total **population** of Seoul is about ten million.

She is bad at **handwriting**.

I always travel by **underground**.

I have no **information** about it.

Mix all the **ingredients** in a bowl.

His attempt to ride a horse was **successful**.

He was deep in **conversation** with a teacher.

She is studying **economics**.

There's a lot of **resistance** to the idea.

They think I'm **abnormal**.

I don't know how to **apologize** to you.

It is a useless **argument**.

A lily **symbolizes** purity.

They are **sunbathing** on a large rock.

All mammals have **backbones**.

The **magician** changed the stone into a white rabbit.

The **forefinger** is the first finger.

She gave an **attractive** smile.

Turn the key **clockwise**.

He **overcame** his illness.

An **automobile** carries people.

My dream is to become a world-famous **architect**.

My father is a famous **mechanical** engineer.

➡ 너는 가도 된다.

➡ 서울의 총인구는 약 천만이다.

➡ 그녀는 악필이다.

➡ 나는 항상 지하철을 타고 다닌다.

➡ 나는 그것에 대해서는 아무것도 모른다.

➡ 사발 안에 있는 모든 재료들을 섞어라.

➡ 말을 타려는 그의 시도는 성공적이었다.

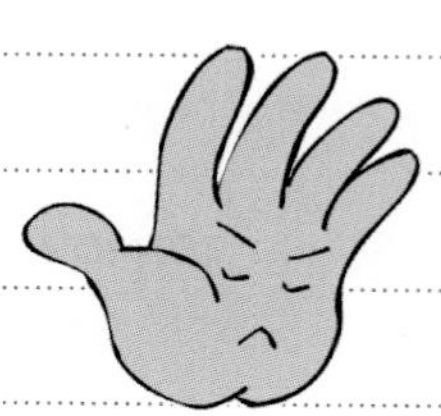

➡ 그는 선생님과 진지한 대화를 하고 있었다.

➡ 그녀는 경제학을 공부하고 있다.

➡ 그 발상에 대한 거센 저항이 있다.

➡ 그들은 내가 비정상이라 여긴다.

➡ 당신에게 어떻게 사과해야 할지 모르겠다.

➡ 그것은 쓸데없는 논쟁이다.

➡ 백합은 순결은 상징한다.

➡ 그들은 큰 바위에서 일광욕을 하고 있다.

➡ 모든 포유동물은 등뼈가 있다.

➡ 마술사는 돌을 흰 토끼로 변화시켰다.

➡ 집게손가락은 첫 번째 손가락이다.

➡ 그녀는 매력적인 미소를 지었다.

➡ 열쇠를 시계방향으로 돌려라.

➡ 그는 병을 이겨냈다.

➡ 자동차는 사람을 실어 나른다.

➡ 내 꿈은 세계적으로 유명한 건축가가 되는 것이다.

➡ 나의 아버지는 유명한 기계 기술자이시다.

1729 **calculator**
[kǽlkjulèitər] 명 계산기

1730 **beginner**
[bigínər] 명 초보자

1731 **passerby**
[pǽsərbai] 명 통행인

1732 **woodcutter**
[wúdkʌtər] 명 나무꾼

1733 **skyscraper**
[skáiskrèipər] 명 고층건물

1734 **competition**
[kàmpətíʃən] 명 경쟁; 경기

1735 **graduation**
[grӕʤuéiʃən] 명 졸업

1736 **dedication**
[dèdikéiʃən] 명 헌납

1737 **concentrate**
[kánsəntrèit] 동 집중하다

1738 **celebration**
[sèləbréiʃən] 명 축하

1739 **according**
[əkɔ́:rdiŋ] 부 ~에 따라

1740 **confident**
[kánfidənt] 형 확신하는

1741 **suggestion**
[səʤéstʃən] 명 암시; 제안

1742 **exhibition**
[èksəbíʃən] 명 전람(회)

1743 **committee**
[kəmíti] 명 위원회

1744 **curriculum**
[kəríkjuləm] 명 커리큘럼, 교육 과정

1745 **restaurant**
[réstərənt] 명 음식점, 레스토랑

1746 **relationship**
[riléiʃənʃip] 명 관계, 관련

1747 **self-confidence**
[self kánfidəns] 명 자신감

1748 **self-defense**
[self diféns] 명 자기 방어

1749 **adventure**
[ӕdvéntʃər] 명 모험

1750 **comfortable**
[kʌ́mfərtəbl] 형 기분 좋은; 편한

1751 **responsible**
[rispánsəbl] 형 책임 있는

1752 **community**
[kəmjú:nəti] 명 공동체, 지역사회

a pocket ____________
소형 **계산기**

a book for ____________ s
입문서

ask a ____________ for directions **행인**에게 길을 묻다

a young ____________
젊은 **나무꾼**

a famous ____________
유명한 **고층건물**

free ____________
자유 **경쟁**

a ____________ ceremony
졸업식

complete ____________
완전한 **헌신**

____________ the mind
마음을 **집중하다**

a ____________ party
축하 파티

____________ to one's wishes
소망**에 따라**

a ____________ manner
자신 있는 태도

a helpful ____________
유익한 **제안**

an art ____________
미술 **전시회**

an advisory ____________
자문 **위원회**

a school ____________
학교의 **교과 과정**

eat at a ____________
식당에서 식사를 하다

a close ____________
가까운 **관계**

gain ____________
자신을 얻다

the Air ____________ Forces
항공 **자위**대

an ____________ story
모험 소설

a ____________ bed
편안한 침대

a ____________ position
책임 있는 지위

a ____________ school
지역사회 학교

Please bring your **calculator** to every lesson.

Diving is very dangerous for **beginners**.

He shot at a **passerby**.

The **woodcutter** cut down a tree.

I work in my office on the 28th floor of a **skyscraper**.

He won the music **competition**.

I hope to be a police officer after **graduation**.

I admire your **dedication** to your work.

Population tends to be **concentrated** in large cities.

His **celebration** pleased me very much.

According to the weather forecast, it will snow tomorrow.

We were **confident** of success.

They rejected my **suggestion**.

They held an **exhibition** of antique cars.

The **committee** has decided to dismiss him.

French is included in the **curriculum**.

I met my cousin at a **restaurant**.

Most of them successfully build up a normal **relationship**.

Self-confidence is the most important key to success.

He is good at **self-defense**.

He had many **adventures** in Africa.

This sofa is really **comfortable**.

You are **responsible** for it.

He's well liked by people in the **community**.

➡ 수업시간마다 계산기를 가져와라.

➡ 초보자에게 잠수는 매우 위험하다.

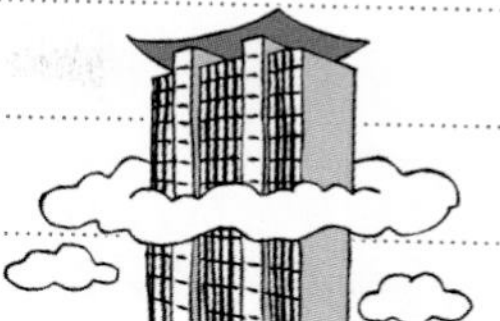

➡ 그는 지나가는 사람에게 발포했다.

➡ 나무꾼은 나무를 베어 넘어뜨렸다.

➡ 내 사무실은 고층빌딩 28층에 있다.

➡ 그는 음악 경연 대회에서 우승했다.

➡ 나는 졸업 후에 경찰이 되고 싶다.

➡ 난 당신이 일에 헌신하는 것을 존경한다.

➡ 인구는 대도시에 집중하는 경향이 있다.

➡ 그의 축하는 나를 매우 기쁘게 했다.

➡ 일기예보에 따르면, 내일 눈이 올 것이다.

➡ 우리는 성공을 확신하고 있었다.

➡ 그들은 나의 제안을 거절했다.

➡ 그들은 구식 차 전시회를 개최했다.

➡ 위원회가 그를 해고하기로 결정했다.

➡ 교육 과정에는 프랑스어가 있다.

➡ 나는 음식점에서 나의 사촌을 만났다.

➡ 그들 대부분은 정상적인 관계를 훌륭히 쌓아 간다.

➡ 자신감이 성공의 가장 중요한 요건이다.

➡ 그는 자기 방어에 능하다.

➡ 그는 아프리카에서 많은 모험을 했다.

➡ 이 소파는 정말로 편안하다.

➡ 그것에 대한 책임은 네게 있다.

➡ 그는 지역 주민들에게 사랑을 받고 있다.

1753 **bitterness** [bítərnis] ⓜ 쓴맛; 비통함

1754 **pronunciation** [prənʌ̀nsiéiʃən] ⓜ 발음

1755 **constantly** [kánstəntli] ⓑ 변함없이; 항상

1756 **discomfort** [diskʌ́mfərt] ⓜ 불쾌

1757 **leadership** [líːdərʃip] ⓜ 지도(력), 지위

1758 **successive** [səksésiv] ⓗ 연속하는

1759 **aftermath** [ǽftərmæ̀θ] ⓜ 결과, 영향

1760 **technology** [teknálədʒi] ⓜ 공업[과학] 기술

1761 **department** [dipáːrtmənt] ⓜ (회사의) 부, 부문

1762 **appointment** [əpɔ́intmənt] ⓜ 임명; 약속

1763 **congratulation** [kəngrætʃuléiʃən] ⓜ 축하

1764 **environment** [inváiərənmənt] ⓜ 환경

1765 **inexpensive** [ìnikspénsiv] ⓗ 값싼

1766 **international** [ìntərnǽʃənəl] ⓗ 국제적인

1767 **performance** [pərfɔ́ːrməns] ⓜ 연기; 실행

1768 **introduction** [ìntrədʌ́kʃən] ⓜ 도입; 소개

1769 **combination** [kàmbənéiʃən] ⓜ 결합

1770 **roundabout** [ráundəbàut] ⓗ 빙 돌아가는

1771 **throughout** [θruːáut] ⓟ ~을 통하여 ⓑ 처음부터 끝까지

1772 **believable** [bilíːvəbl] ⓗ 믿을 수 있는

1773 **adolescence** [æ̀dəlésəns] ⓜ 청년기

1774 **underwater** [ʌ̀ndərwɔ́tər] ⓗ 물속의

1775 **reservation** [rèzərvéiʃən] ⓜ 예약

1776 **frequency** [fríːkwənsi] ⓜ 빈번; 빈도

feel ______
쓰라림을 느끼다

an ______ vacation package 값싼 여행 상품

a standard ______
표준 발음

______ trade
국제 무역

read books ______
책을 항상 읽다

cancel a ______
공연을 취소하다

physical ______
육체적 불편

an ______ to a book
책의 서문

______ problems
지도력 문제

word ______s
단어 조합

for three ______ days
연이어 3일간

a ______ statement
돌려 말하는 진술

the ______ of the war
전쟁의 여파

read a book ______
책을 처음부터 끝까지 죽 읽다

new computer ______es
새로운 컴퓨터 기술

an entirely ______ explanation 전적으로 믿을 수 있는 설명

a sales ______
영업부

a happy ______
행복한 청소년기

an ______ for an interview 면접 약속

an ______ camera
수중 카메라

a speech of ______
축하연설

cancel ______s
예약을 취소하다

the social ______
사회적 환경

the ______ of crimes
범죄의 빈발

Her **bitterness** was beyond description.

His English **pronunciation** is awful.

The issue was **constantly** on the king's mind.

It caused me great **discomfort**.

There is no **leadership** in him.

This was their fifth **successive** win.

Famine came as an **aftermath** of the war.

Science has contributed much to modern **technology**.

He administers a sales **department** of the company.

I have an **appointment** with the dentist.

I express my **congratulations**.

Environment is a great influence on character.

Dry cleaning is **inexpensive** and fast.

English is an **international** language.

The **performance** affected me deeply.

He had no regular **introduction**.

It was the **combination** of science and art.

I hate to talk in a **roundabout** way.

The products are exported **throughout** the world.

It sounds **believable**.

Many bodily changes occur during **adolescence**.

The boat is totally **underwater**.

I'd like to make a **reservation** for a flight to Busan.

The **frequency** of terrorist attacks seems to have fallen recently.

➡ 그녀의 괴로움은 말도 못 할 정도였다.

➡ 그의 영어 발음은 형편없다.

➡ 그 문제가 끊임없이 왕의 마음에 걸렸다.

➡ 그것이 나를 굉장히 불안하게 했다.

➡ 그에게는 지도력이 없다.

➡ 이번이 그들의 다섯 번째 연속 승리였다.

➡ 전쟁의 여파로 기근이 닥쳐왔다.

➡ 과학은 현대 과학기술에 많은 기여를 했다.

➡ 그는 그 회사의 영업부를 관리한다.

➡ 치과 의사 선생님과 약속이 있다.

➡ 축하드립니다.

➡ 환경은 성격에 큰 영향을 미친다.

➡ 드라이클리닝은 싸고 빠르다.

➡ 영어는 국제어이다.

➡ 그 연기는 내게 깊은 감명을 주었다.

➡ 그 사람에게는 정식 소개가 없었다.

➡ 그것은 과학과 예술의 결합이었다.

➡ 나는 말을 둘러서 하는 것이 싫다.

➡ 그 제품은 전 세계에 수출된다.

➡ 그것은 믿을 만한 소리 같다.

➡ 사춘기에는 많은 육체적인 변화가 일어난다.

➡ 배가 물속에 완전히 잠겨 있다.

➡ 부산으로 가는 항공편을 예약하려고 하는데요.

➡ 테러 공격의 빈도가 요즘 줄어든 것 같다.

1777 **appropriate**
[əpróupriət] 형 적당한

1778 **photographer**
[fətágrəfər] 명 사진사

1779 **acquaintance**
[əkwéintəns] 명 아는 사람[사이]

1780 **carelessness**
[kέərlisnis] 명 부주의; 경솔

1781 **unsatisfactory**
[ʌ̀nsætisfǽktəri] 형 만족스럽지 못한

1782 **unbelievable**
[ʌ̀nbilíːvəbl] 형 믿을 수 없는

1783 **accomplish**
[əkámpliʃ] 동 이루다, 성취하다

1784 **destination**
[dèstənéiʃən] 명 (여행 등의) 목적지

1785 **carelessly**
[kέərlisli] 부 부주의하게

1786 **attachment**
[ətǽtʃmənt] 명 부착; 애착

1787 **praiseworthy**
[préizwə̀ːrði] 형 칭찬할 만한

1788 **phonograph**
[fóunəgræ̀f] 명 축음기

1789 **windshield**
[wíndʃiːld] 명 (자동차의) 앞유리

1790 **entertainment**
[èntərtéinmənt] 명 접대; 연예

1791 **communicate**
[kəmjúːnikèit] 동 전달하다

1792 **consequence**
[kánsikwèns] 명 결과

1793 **automatically**
[ɔ̀ːtəmǽtikəli] 부 자동적으로

1794 **misunderstand**
[mìsʌndərstǽnd] 동 오해하다

1795 **disgusting**
[disgʌ́stiŋ] 형 메스꺼운

1796 **broadcasting**
[brɔ́ːdkæ̀stiŋ] 명 방송

1797 **documentary**
[dàkjuméntəri] 형 문서의 명 기록물

1798 **transportation**
[træ̀nspərtéiʃən] 명 운송, 수송

1799 **independence**
[indipéndəns] 명 독립, 자립

1800 **communication**
[kəmjùːnikéiʃən] 명 전달; 통신

an ______ choice
적절한 선택

a ______ wiper
(자동차의) 창유리 닦개

an art ______
예술 사진가

mass ______
대중오락

a woman of my
______ 내가 아는 여자

______ officially
공식적으로 뜻을 전하다

fail through one's
______ 부주의로 실패하다

as a ______
그 결과

an ______ result
불만스러운 결과

be turned off ______
자동으로 꺼지다

an ______ excuse
믿을 수 없는 변명

______ completely
완전히 오해하다

______ one's purpose
목적을 달성하다

a ______ smell
메스꺼운 냄새

a vacation ______
휴양지

a ______ station
방송국

write ______
글씨를 마구 쓰다

a ______ drama
다큐멘터리 드라마

a close ______
강한 애착

air ______
비행기 수송

a very ______
achievement 대단히 칭찬할 만한 성과

a life of ______
독립된 생활

an old ______
낡은 축음기

a means of ______
통신 수단

Your clothes are not **appropriate** for the party.

He wants to be a nature **photographer**.

She's just a business **acquaintance**.

Accidents arise from **carelessness**.

His work is highly **unsatisfactory**.

The story sounds **unbelievable**.

We try to **accomplish** the work at a minimal cost.

The ship hasn't arrived at its **destination** yet.

I **carelessly** took the wrong bus.

I had a strong **attachment** to him.

Your motives were **praiseworthy**.

The woman is working on the **phonograph**.

My **windshield** wipers are not working.

Other family reunions provide their own **entertainment**.

A politician must be able to **communicate**.

He was fearful of the **consequences**.

The machine operates **automatically**.

He **misunderstood** the question and got the answer wrong.

His behavior at the party was **disgusting**.

The TV station stopped **broadcasting** for the day.

The **documentary** was very informative.

No **transportation** is available to the village.

When did America win her **independence** from England?

All **communications** are still down.

➡ 네 옷은 파티용으로는 적당하지 않다.

➡ 그는 자연을 찍는 사진작가가 되기를 원한다.

➡ 그녀는 사업상 아는 사이일 뿐이다.

➡ 사고는 부주의에서 일어난다.

➡ 그의 일이 아주 불만족스럽다.

➡ 믿기지 않는 이야기이다.

➡ 우리는 최소의 비용을 들여 그 일을 이루려 한다.

➡ 배는 아직 목적지에 도착하지 않았다.

➡ 나는 멍청하게도 버스를 잘못 탔다.

➡ 나는 그에 대해 강한 애정이 있었다.

➡ 네 동기는 좋다.

➡ 여자가 축음기를 손보고 있다.

➡ 차유리 와이퍼가 작동하지 않는다.

➡ 가족 구성원들이 직접 오락거리를 준비하는 모임도 있다.

➡ 정치가는 의사 전달을 잘 할 수 있어야 한다.

➡ 그는 그 결과가 두려웠다.

➡ 그 기계는 자동으로 작동한다.

➡ 그는 문제를 오해해서 답을 잘못 냈다.

➡ 그 모임에서 그가 보인 행동은 혐오스러웠다.

➡ 텔레비전 방송국은 그 날 방송을 중단했다.

➡ 그 다큐멘터리는 매우 교육적이었다.

➡ 그 마을로 가는 교통수단은 아무 것도 없다.

➡ 미국은 언제 영국으로부터 독립하였습니까?

➡ 모든 통신은 아직도 두절이다.

① A - A - A 형

현재형	과거형	과거분사형	의 미
cast	cast	cast	던지다
cost	cost	cost	비용이 들다
cut	cut	cut	자르다
hit	hit	hit	치다
hurt	hurt	hurt	상처를 입히다
let	let	let	시키다
put	put	put	놓다
set	set	set	두다
shut	shut	shut	닫다
upset	upset	upset	뒤엎다
bet	bet	bet	내기하다

② A - B - A 형

현재형	과거형	과거분사형	의 미
become	became	become	~이 되다
come	came	come	오다
run	ran	run	달리다

③ A - A - B 형

현재형	과거형	과거분사형	의 미
beat	beat	beaten	때리다

④ A - B - B 형

현재형	과거형	과거분사형	의 미
bend	bent	bent	구부리다

bring	brought	brought	가져오다
buy	bought	bought	사다
catch	caught	caught	잡다
deal	dealt	dealt	다루다
feed	fed	fed	먹이를 주다
feel	felt	felt	느끼다
fight	fought	fought	싸우다
hear	heard	heard	듣다
hold	held	held	잡다, 손에 들다
keep	kept	kept	지키다
lead	led	led	이끌다
leave	left	left	떠나다
lend	lent	lent	빌려주다
lose	lost	lost	잃다
mean	meant	meant	의미하다
meet	met	met	만나다
pay	paid	paid	지불하다
say	said	said	말하다
seek	sought	sought	찾다, 구하다
sell	sold	sold	팔다
shoot	shot	shot	쏘다
sleep	slept	slept	잠자다
spend	spent	spent	소비하다
spin	spun	spun	돌다
stand	stood	stood	서다
stick	stuck	stuck	찌르다
strike	struck	struck	치다
teach	taught	taught	가르치다
think	thought	thought	생각하다
win	won	won	이기다

⑤ A - B - C 형

현재형	과거형	과거분사형	의 미
begin	began	begun	시작하다
bite	bit	bitten	물다
blow	blew	blown	불다
break	broke	broken	부수다
choose	chose	chosen	고르다
draw	drew	drawn	끌다
drink	drank	drunk	마시다
drive	drove	driven	운전하다
eat	ate	eaten	먹다
fly	flew	flown	날다
forget	forgot	forgotten	잊다
freeze	froze	frozen	얼다
grow	grew	grown	성장하다
hide	hid	hidden	숨기다
know	knew	known	알다
ride	rode	ridden	타다
ring	rang	rung	울리다
rise	rose	risen	오르다
shake	shook	shaken	흔들다
show	showed	shown	보이다
sing	sang	sung	노래하다
sink	sank	sunk	가라앉다
speak	spoke	spoken	말하다
steal	stole	stolen	훔치다
swim	swam	swum	수영하다
throw	threw	thrown	던지다

wear	wore	worn	입다
write	wrote	written	쓰다

⑥ 혼동하기 쉬운 불규칙동사

현재형	과거형	과거분사형	의 미
bind	bound	bound	묶다
bound	bounded	bounded	되튀다
fall	fell	fallen	떨어지다, 쓰러지다
fell	felled	felled	쓰러뜨리다
find	found	found	발견하다
found	founded	founded	세우다, 창립하다
fly	flew	flown	날다
flow	flowed	flowed	흐르다
lie	lay	lain	눕다
lie	lied	lied	거짓말하다
lay	laid	laid	눕히다
sit	sat	sat	앉다
set	set	set	두다
wind	wound	wound	감다
wound	wounded	wounded	상처를 입히다
welcome	welcomed	welcomed	환영하다
overcome	overcame	overcome	이겨내다, 극복하다
bear	bore	borne	참다
bear	bore	born	낳다
bid	bade	bidden	명령하다, 말하다
bid	bid	bid	값을 매기다
hang	hung	hung	걸다
hang	hanged	hanged	교수형에 처하다